AF508622

François
Rabelais

N. MARTIN-DUPONT

François Rabelais

LA VIE DE RABELAIS. — L'ÉCRIVAIN.
L'ARTISTE. — LE POLITIQUE. — LE MORALISTE.
RABELAIS ET LA FEMME. — LE MOINE.
LA RELIGION DE RABELAIS. — LE MÉDECIN.
L'ALCHIMIE.

Mieux est de ris que de larmes escrire.
Pour ce que rire est le propre de l'homme

PARIS

ALBIN MICHEL, EDITEUR
10, RUE DE L'UNIVERSITÉ, 10

JE DÉDIE CE LIVRE

A

LA VILLE DE CHINON

« *Ville unique, ville noble, ville antique
voire première du monde, selon le jugement
et assertions des plus doctes Massorets.* »

EN MÉMOIRE

DE

FRANÇOIS RABELAIS

LE PLUS ILLUSTRE DE SES ENFANTS

PRÉFACE

Il me souvient d'une soirée sans femmes, presque sans Français, chez un Parisien quelque peu cosmopolite. Le Portugais y côtoyait le Russe, l'Espagnol touchait du coude l'Allemand ; l'Italien, le Roumain, le Grec causaient avec l'Anglais ou le Polonais. Tous les accents, ce jour-là, un peu toutes les langues.

On proposa la question suivante :

« Supposez qu'un dieu, un génie, une fée, un enchanteur vous apporte un pouvoir suprême, non sur le présent ou sur l'avenir, mais sur le passé. Quel est le seul grand auteur, le grand philosophe, le grand poète dont vous doubleriez le grand œuvre ? »

Aussitôt, des Anglais et deux ou trois Français de nommer Shakespeare ; des Allemands, Gœthe ; un Espagnol, Cervantès ; un Portugais, le Camoëns ; un Italien, Dante. Alors un Russe, qui parlait indifféremment toutes les langues d'Europe et quelques autres avec une rare perfection : « Moi, je ne doublerais pas, je triplerais pour le moins Rabelais. C'est le poëte, c'est l'épique et c'est le philosophe. »

Il avait raison, ce nous semble, ce grand hyperboréen blond. Est-il une épopée comparable à l'*Inestimable Chronique* ? Qu'est l'*Iliade* à côté ? Gargantua est plus magnanime qu'Agamemnon, roi des rois ; Pantagruel, plus sage que Nestor ; Frère Jean, plus vaillant qu'Achille ; Ulysse fut moins avisé et Thersite moins lâche que Panurge. Il y a plus de vie et cent fois plus de philosophie chez le Tourangeau que chez le Grec aux sept patries. La France, dont on dit avec mépris qu'elle n'a pas d'épopée, a donné le plus grand des poëtes épiques.

Vous m'écrivez, mon cher ami, que vous gelez là-bas. Vous me dites : « Brrr ! Brrr ! Je ne vois que des monts froids, des eaux froides : le lac a de froids abîmes : un vent froid descend des Alpes neigeuses. Et vous répétez : « Brrr ! Brrr ! Brrr ! » On dirait Panurge dans la tempête.

Je suis comme vous. J'excuse le rat de La Fontaine, si ce rat était du Midi.

> Sitôt qu'il fut hors de sa case :
> « Que le monde, dit-il, est grand et spacieux !
> Voilà les Apennins, et voici le Caucase ! »
> La moindre taupinée était mont à ses yeux !

Il voyait juste : en Provence, dans la Cévenne, au soleil méditerranéen, la moindre roche vaut ailleurs la plus haute montagne.

Mais comment pouvez-vous regretter le Midi doré ? Vous avez emporté Rabelais dans votre poche. Et Rabelais, c'est la vie, la jeunesse, la nature, le soleil.

ONÉSIME RECLUS.

FRANÇOIS RABELAIS

PROLOGUE

Mieulx est de ris que de larmes escrire
Pour ce que rire est le propre de l'homme.

Non ! je ne connais point de lecture plus attrayante que celle du *Gargantua* et du *Pantagruel*, captivante, amusante et instructive à la fois, qui touche à autant de choses et diverses, de philosophie, de religion, de morale et de politique, et qui offre en toutes ces matières un plus haut intérêt. Ce livre est merveilleux, charmant, exquis ; le langage en est abondant, sonore, ample, précis, pittoresque, infiniment varié, tour à tour plaisant et grave, et si harmonieux par instants, que la musique des vers n'a jamais produit sur l'âme effets plus délicats, profonds et retentissants.

Riche en observations psychologiques, sans parti pris ni préjugés, c'est le tableau vrai, vivant, le plus complet qui soit de la vie; c'est l'homme tout entier, avec ses vices et ses vertus, décrit par un homme véritable. Nulle part on ne rencontrerait plus de bon sens, d'esprit de justice, un sentiment plus vrai de la juste mesure. Pas n'est besoin de feuilleter longtemps ce livre pour y découvrir un ami sûr, fidèle, le meilleur, ouvert en ses conseils et utile. L'a-t-on quitté qu'on y revient aussitôt avec un plaisir agrandi, que la répétition ni l'accoutumance ne gâtent ni n'émoussent.

Et quel bon rire éclate en chacune de ces pages, honnête, fortifiant, tonique, hygiénique et pour le corps et pour l'esprit, « épanouissement de la chair bien portante, joie du bon sang nourri de bon vin » ! Ce rire chasse les soucis, disperse les humeurs, dissipe la mélancolie, porte à la bienveillance; fontaine de bonté, il favorise singulièrement les relations sociales; ennemi de toute injustice, et mieux que tous les préceptes les plus vantés de la morale, il « remet l'homme en nature », qui est le dernier mot de la sagesse et le souverain bien.

Pour moi, depuis que j'ai l'âge d'homme, le *Gargantua* et le *Pantagruel* ont été mon livre

de chevet, et je puis dire que dans tous les
hasards de la vie, dans les luttes de la pensée,
crises de la volonté, au plus fort de la bataille
pour l'existence, alors que, las, j'allais m'aban-
donner peut-être en une désespérance stérile et
lâche, la lecture de ce livre m'a tenu le cœur et
l'esprit haut ; d'où j'ai pu regarder, non point
avec l'indifférence du jouisseur ou du sceptique,
mais confiant et serein, les contingences et accidents de la vie : « certaine gaîté d'esprit confite
en mépris des choses fortuites ! »

Aussi, est-ce pour moi un étonnement et un
sujet de tristesse qu'en ce pays de France, dont
il fut une des gloires, Rabelais soit si peu ou si
mal connu. Nos écoliers l'ignorent qui, en sa
compagnie, s'instruiraient bien mieux et plus à
propos qu'à l'école des Grecs et des Romains.
Quant aux femmes, elles s'en détournent en général, comme s'il y avait pour elles danger ou
déshonneur à fréquenter le plus grand de nos humanistes, sans autres motifs que les médisances
stupides des cuistres chargés de faire leur éducation, lesquels n'ont jamais, et pour cause,
ouvert un livre auquel ils n'eussent rien compris.

Eh quoi, parce que, suivant l'esprit de son
siècle et s'autorisant des écrivains les plus aus-
tères, Rabelais aurait laissé tomber dans ses

discours quelques joyeusetés gauloises, fines, alertes, galamment troussées et mieux que n'auraient sû le faire la plupart de ses contemporains, est-ce une raison pour proscrire un génie qui, plus que tout autre, sut incarner en lui l'esprit de la race ? Et pourquoi tel mot serait-il malséant sous la plume du curé de Meudon que l'on ne songe pas à blâmer dans la bouche de Calvin ? On montre à la bibliothèque de Genève un manuscrit respecté, notes prises au cours d'une prédication du réformateur en la cathédrale par un scribe patenté, où Calvin apostrophe certains de ses auditeurs en la façon coutumière de Frère Jean des Entommeures. Les libertins ayant entrepris de couvrir par leurs cris et tumulte la voix de l'orateur, Calvin s'interrompant au milieu d'une période, leur criait : « Eh ! là-bas, taisez-vous, merdailles ! » Pieusement recueilli par le notateur, ce propos ne scandalisait alors personne, qu'écoutaient sans déshonneur les plus sucrées dames et damoiselles de ce temps.

Pourquoi veut-on que Rabelais parle autrement que les prédicateurs les plus en renom de son siècle ? Il faut considérer que l'on sortait à peine de la Renaissance et qu'à aucune autre époque de notre histoire l'homme ne fût si près du faune et du satyre. Qu'entre deux coupes Panurge lâche quelque mot ordurier, y a-t-il là de quoi s'émouvoir ? La langue de Rabelais en est-elle moins belle, la plus magnifique que l'on ait jamais parlée? Eh bien oui, ce livre est plein de beuveries, mangeries. ivrogneries, goinfreries, joyeusetés grasses, histoires de « haute graisse ». Mais, en revanche, quelle vigueur morale, quelle rectitude, haine du faux, sentiment de la juste mesure, un bon sens exquis, et quelle bonté ! D'ailleurs rien de orde, obscène ni ombre de libertinage dans ce livre fait de sagesse et de folie, et qui est bien le plus humain que l'on ait peut-être écrit.

Plusieurs ont essayé, Mme Sand entre autres, qui y renonça bien vite, de donner du *Gargantua* et du *Pantagruel* une édition *ad usum delphini*, adoucie, atténuée, diluée, à la portée des âmes candides que le franc parler et la verve gauloise de Rabelais offusquent. Ces tentatives ont échoué. Pour moi, je n'en suis pas surpris. Ce livre est comme une tapisserie de haute lisse, dont on ne peut enlever un fil sans que l'ouvrage tout entier en soit gâté.

Peut-être, dans une étude sur Rabelais, ou sous prétexte d'étude, pourrait-on multiplier les citations au point de donner la substance, ce que l'auteur du *Gargantua* appelle la substantifique moelle du livre, que les estomacs faibles absorberaient ainsi sans difficulté. J'y avais moi-même un moment songé. J'ai reculé devant la difficulté de la tâche et parce que j'ai craint que cet excès de prudence ne parût un outrage au Maître et comme une façon de trahison. Je plains les malades que leur débilité morale prive d'un régal des dieux. Pour moi, je continuerai à lire le *livre*, n'en déplaise aux hypocrites de mœurs et à la barbe des puritains des lettres.

Ce que j'écris n'est pas à proprement parler une étude sur Rabelais. On y chercherait vainement des considérations critiques sur la langue; encore moins un exposé analytique et contradictoire des doctrines contenues dans le *Gargantua* et le *Pantagruel*, notamment en ce qui concerne les idées et opinions particulières de l'auteur.

Ce que je fais est beaucoup plus simple. J'ai tout bonnement extrait du livre les passages qui, à la suite de lectures répétées, attentives et quotidiennes m'ont le plus frappé, tant au point de vue littéraire, que de l'intérêt philosophique, moral, économique, politique et religieux qu'ils présentent.

Dans cet exposé, que j'appellerai littéral, je n'ai pas cru devoir mettre plus de méthode que ne le ferait le lecteur bénévole, qui ne demande rien de plus que de s'instruire en s'amusant.

CHAPITRE PREMIER

VIE DE FRANÇOIS RABELAIS

Chinon. — Les origines.

Ceci n'est pas, à proprement parler, une biographie. Vainement y chercherait-on l'ampleur et la précision chronologique qui conviennent à ce genre d'études ; quelques notes sans prétention ; une façon de croquis plutôt qu'un dessin achevé, où l'on retrouvera dans leur mobilité les traits caractéristiques de la physionomie la plus originale et la plus riche qui se puisse rencontrer.

D'ailleurs, il faut bien le dire, la vie de Rabelais appartient autant à la légende qu'à l'histoire ; la fable y coudoie la réalité, si étroitement entrelacées, qu'il est parfois bien difficile de les distinguer ; vraies toutes deux, en ce qu'on y retrouve partout le Maître vivant, intact, dans

la plénitude de cette belle nature, la plus sympathique qui soit. Toute cette incertitude qui enveloppe, comme d'un mystère, l'origine et la vie
de Rabelais, ne doit pas nous surprendre. C'est
le propre des génies assez hauts et grands pour
résumer en eux le passé et contenir l'avenir, de
traverser l'histoire sans que l'on sache bien comment ils y sont entrés, sinon qu'ils la débordent.

Quand on y regarde de près, ce qui nous reste
de Rabelais, ce qui nous intéresse chez lui,
c'est moins le personnage d'un moment, avec
ses événements domestiques, l'être éphémère que
nous sommes, prisonnier du temps et de l'espace, qu'un esprit incomparable, des écrits qui
charment et retiennent, des idées très personnelles, mais où chacun, qui est tout le monde,
trouve son bien et l'y reprend.

On n'est pas encore arrivé à déterminer, d'une
façon précise, la date de la naissance de Rabelais ; 1483 suivant les uns, 1495 suivant les
autres. Guy Patin, qui vivait au dix-septième
siècle, la place en 1490. Les mieux avisés s'en
tiennent, comme Paul Stapfer, à la dernière
décade du quinzième siècle, et c'est le plus
sage assurément.

Les mêmes hésitations se produisent lorsqu'il s'agit d'établir sa généalogie. D'après Le

Duchat, dont l'opinion est généralement acceptée, le père de l'auteur du *Gargantua* se serait appelé Thomas, apothicaire à Chinon, sieur de la Devinière, terre arrentée au profit de l'abbaye de Seuillé. M. Grimaud, membre de la *Société archéologique de Touraine*, auquel nous devons une liste complète des membres de la famille Rabelais, se range à cette opinion ; non toutefois sans quelque réserve, car il ajoute aussitôt que ce nom de Thomas donné au père de François Rabelais est *conforme à la tradition*.

D'autre part, il résulterait d'un acte de partage passé le 12 mars 1525 entre Antoine Rabelais et Jean Frapin, Guillaume Frapin, etc... pièce publiée dans le *Bulletin de la société les Amis et Admirateurs de Rabelais*, année 1887, par F. Audiger, que le père de François Rabelais ne s'appelait pas Thomas, mais Antoine.

Quoi qu'il en soit du nom, il est bien établi que le père de l'auteur du *Gargantua* exerçait à Chinon la profession d'apothicaire, contrairement à ce que l'on a prétendu quelquefois qu'il était aubergiste. Cette erreur vient sans doute de ce que la maison où naquit François Rabelais fut plus tard vendue et transformée en hôtellerie, sous l'enseigne de la *Lamproie*. C'est cette maison qu'a connue de Thou en 1598, et où il avait logé avec son ami Calignon (Calignano).

L'auberge était alors très fréquentée. On y voyait de vastes jardins, où étaient installés toutes sortes de jeux. Les jours de fête, les habitants de la ville venaient s'y divertir.

Pendant un séjour qu'il fit à Chinon, de Thou, à l'instigation de son ami Calignon, composa en vers latins, sur l'auberge en question, un impromptu dont voici la traduction française. C'est Rabelais qui parle :

« J'ai vécu de telle façon, qu'avoir vécu m'amuse, et qu'en lisant ce que j'ai écrit de mon vivant pour amuser, je m'amuse toujours. La vie a été donnée à l'homme pour en jouir dans les ris et les jeux ; les choses sérieuses la rendent plus amère que le fiel. Maintenant encore, le soin prévoyant du dieu de Thèbes (Bacchus) a empêché que les choses sérieuses ne viennent incommoder mes paisibles mânes. En effet, la maison que mon père m'avait laissée à Chinon où coule le flot de cristal de la Vienne limousine, changée depuis mon départ en une taverne à l'usage de tous, résonne jour et nuit d'un joyeux tapage (*lætifico strepitu*). Les hôtes y rient jusqu'au matin : on rit dans les jardins les jours de fête. Les flûtes animent les danseurs que l'outre a gonflés *inflato utre*, les flûtes

savantes à faire retentir les airs poitevins ; et ce
qui servait d'étude au maître, de bibliothèque à
ses livres est à présent un cellier où écume
un vin doux comme le nectar *(nectareo spumat
nunc apotheca mero)*. Les Destins m'accordent
aujourd'hui de revenir aux jours de jadis. A nul
autre prix je ne voudrais louer la maison paternelle, à nulle autre condition je ne voudrais la
vendre (1). »

Un admirateur de Rabelais, Huet, évêque
d'Avranches, connaissait l'auberge de la *Lamproie*. Il en parle en des termes qui rappellent ce
qu'en avait dit de Thou, trouvant tout naturel
que la maison de celui qui avait célébré dans
ses livres les plaisirs du cabaret et qui pendant

---

(1) J.-A. DE THOU, *Commentarium de vitâ med.* liv. VI, 1595.
— Une édition des mémoires de J. de Thou, qui parut à
Londres en 1731, donne, sous le titre *l'Ombre de Rabelais*, une
traduction en vers français de cet impromptu. En voici quelques strophes :

> J'ai passé tout mon temps à rire.
> Mes écrits libres en font foi.
> Ils sont si plaisants qu'à les lire
> On rira même malgré soi.
>
> . . . .
>
> . . . .
>
> . . . .
>
> Car de ma maison paternelle,
> Il Bacchus vient de faire un cabaret
> Où le plaisir se renouvelle
> Entre le blanc et le clairet.

toute sa vie s'était adonné à ces plaisirs, fût devenue une auberge.

Il ne reste plus rien aujourd'hui à Chinon de
cette hôtellerie de la *Lamproie*. On ne saurait
même avec quelque certitude en déterminer l'em-
placement. Vers la fin du dix-huitième siècle, elle
fut transformée en une maison bourgeoise,
démolie depuis. Mais vers la fin du dix-septième
siècle l'hôtellerie était encore prospère sous la
direction d'un certain Urbain Javelle. On y
montrait la chambre où avait travaillé Rabelais,
garnie d'objets que l'on disait avoir appartenu à
l'illustre satirique.

« On trouve un certain charme, lisons-nous
dans les *Mémoires de la Société des antiquaires
de l'Ouest* (première série, t. II, p. 369), à
revoir dans l'intérieur de cette petite chambre
d'une maison de Chinon ce simple lit à que-
nouilles, cette vaste cheminée décorée d'une
grande image, ces croisées à petites vitres en
losanges enchâssées dans des plombs, cette
chaise sans luxe réservée sans doute aux visi-
teurs et aux convives, cet escabeau grossier,
cette petite table ronde ornée d'un plat rempli
de fruits, ce petit vase qui semblerait indiquer
que le curé de Meudon ne professait pas un profond mépris pour les œufs à la coque, enfin ce

grand verre en forme de calice, qui jouait assez
ordinairement le plus beau rôle et qui semble
depuis longtemps attendre encore, mais en vain,
la main connue de l'ami qui le caressait souvent
naguère. »

Au-dessus de la porte de cette chambre, du
côté extérieur, on lisait cette inscription : LA
VÉRITABLE ESTUDE DE RABELAIS.

La grande image placée sur la cheminée
était le portrait de Rabelais. Bernier, médecin
de Blois, qui fit un voyage à Chinon en 1697,
en parle dans ses mémoires (1).

On s'explique difficilement que cette famille
des Rabelais, qui, durant deux siècles environ,
avait été prospère et avait fourni un grand
nombre de rejetons, se soit tout à coup éteinte,
si bien qu'en 1650 on ne trouvait plus personne
dans le pays portant le nom de Rabelais. S'il
faut en croire une tradition reproduite par
M. Grimaud dans un mémoire sur la famille de
Rabelais, à laquelle, à vrai dire, il ne paraît
pas attacher une grande importance, plusieurs
parents de Rabelais ayant embrassé la religion
réformée auraient émigré en Suisse, sans doute
à Genève, vers la fin du seizième siècle. Cette

____

(1) BERNIER, *Jugement sur les Œuvres de Rabelais*. 1697.

tradition, à laquelle les preuves historiques font
défaut, paraît reposer sur un de ces mille propos que la légende prête à l'auteur du *Gargantua*.
On raconte, en effet, que pendant le séjour qu'il
fit à Rome en 1534, parlant au pape Clément VII,
Rabelais lui aurait dit qu'il était de Chinon,
petite ville en laquelle on avait brûlé quantité
de gens de bien et même de ses parents.

Ce qui est hors de doute, c'est que Rabelais
naquit à Chinon, « ville insigne, dit-il quelque
part, ville noble, ville antique, voire première
du monde selon le jugement et assertion des
plus doctes massorets ».

A ceux qui s'étonneraient qu'une petite ville
de Touraine eut une si haute origine, Rabelais
répond que Caïn ayant été, d'après l'Écriture
sacrée, le premier bâtisseur de villes, avait vraisemblablement donné son nom à Chinon, en
latin *Caynon*, comme Alexandre, plus tard,
imposa son nom à Alexandrie, Constantin à
Constantinople, Pompée à Pompéiopolis, et
ainsi d'autres villes qui portent le nom de leur
fondateur.

Cependant, quelques-uns ont voulu faire naître
Rabelais ailleurs. Huet, évêque d'Avranches,
soutient, d'après des renseignements recueillis
par lui dans le pays, que François Rabelais

était originaire de Benais, petit village proche Bourgueil, dans l'arrondissement de Chinon. Il y a là une erreur qui s'expliquerait, d'ailleurs, par le fait que le père de Rabelais possédait une maison de campagne à Gravot, près de Benais, et qu'une branche de la famille habitait cette localité.

On voit, d'après cela, quelle obscurité règne sur les origines de l'auteur du *Gargantua*. Il n'est pas jusqu'à son nom que les contemporains n'aient défiguré. Les uns, comme Boyssonné et Budé écrivent tantôt *Rabelæsus*, tantôt *Rabelesus*; Robert Estienne et Paits-Herbault écrivent *Rabelesius*. Dans l'acte de provision de la cure de Meudon on lit *Rabeleius*, et sur les registres du secrétariat de l'archevêché de Paris, *Rabelays*, alors que sur ceux de l'hôtel de ville de Lyon, on trouve *Rabellet*, quelquefois *Rabelèse*, *Rabellais* et *Rabelays*; dans l'acte de résignation de la cure de Meudon, *Rabeloys*.

Quant à Rabelais lui-même, il a toujours écrit son nom de la même manière : Rabelais, en français ; *Rabelæsus*, en latin [1].

Que Rabelais n'ait jamais changé l'ortho-

1 F. AUBIGER, *Bulletin des Amis et Admirateurs de Rabelais*, année 1892.

graphe de son nom, cela ne veut pas dire qu'en certaines occasions, pour détourner de lui l'attention et échapper aux persécutions dont il fut tant de fois menacé, il n'ait eu recours à des noms d'emprunt. Mais ces noms eux-mêmes ne sont que son vrai nom retourné, l'anagramme de François Rabelais.

Au seizième siècle d'ailleurs, la mode était aux anagrammes ; il n'est pas d'homme si docte qui dédaignât cet amusement, et l'on voit des gens parmi les plus graves qui se complaisent à cette sorte de jeu d'esprit. C'est ainsi qu'en transposant les lettres de François Ier, François de Valois, on avait fait ce membre de phrase : *de façon suis royal* ; de même, le nom de Catherine de Médicis, *Catharina e Medicis*, donnait l'anagramme : *Henrici mei casta dea*. Le poète d'Aurat avait trouvé dans le nom de Ronsard cet éloge dithyrambique : *Rose de Pindare*.

Usant du même procédé, l'auteur du *Gargantua* prend le nom d'*Alcofribas Nasier*, anagramme de François Rabelais ; non point une anagramme de hasard comme le verbe aimer est celle de Marie, mais un nom forgé à dessein et qui est à lui seul tout un portrait.

Les images que nous avons de Rabelais le représentent, en général, souriant, la bouche

entr'ouverte avec des lèvres gourmandes sous
un nez provoquant, long et gros dans le bout.
Le nez est évidemment pour lui la partie essentielle du visage, celle où apparaît le caractère
et la mentalité particulière du sujet. « Panurge
avait le nez un peu aquilin fait à manche de
rasoir. »

Par ce nom d'Alcofribas Nasier, Rabelais a
voulu se peindre lui-même, que ce nom ait une
origine celtique, ou qu'il soit un composé de
grec, de latin et de celtique, comme l'a fort
ingénieusement exposé M. Ph. Ducrot dans un
mémoire lu par lui au sixième Congrès de la
société *les Amis et Admirateurs de Rabelais*,
en 1891.

Si l'on adopte l'origine celtique, le nom d'Alcofribas se décomposerait ainsi : *Al co fri bas*,
qui veut dire : le vieux nez bâton ou le nez bâton
bourgeonné.

Ou bien ce mot est grec et celtique et serait
formé des racines suivantes : *Alkô* (Ἀλκω) *fri
bas*. Ἀλκω, en grec, dérivé de ἀλκη, qui veut
dire force venant de la chaleur : *robur ex calore*.
Quant au mot *bas*, « si l'on veut bien se souvenir, dit M. Ph. Ducrot, que ce mot, en celtique,
a une signification particulière et désigne le
bâton national breton *penn baz*, c'est-à-dire un

bâton noueux, gros, se terminant en bas par une espèce de massue, on arrivera sans peine à lire dans cette anagramme : *le nez bourgeonné long et gros* ; interprétation que vient confirmer le mot *Nasier*, composé de *nasus*, en latin le nez, et de la désinence augmentative française *ier*; comme de gros on a fait grossier et d'échelle on fait escalier ».

Cette anagramme Alcofribas Nasier était appelée à en remplacer une autre moins claire, que l'on rencontre dans les premières éditions du *Pantagruel*, celles antérieures à 1535, *Séraphin Calobarsy*, dont les lettres transposées forment le nom de François Rabelais.

D'après M. Ph. Ducrot, à l'érudition duquel on ne saurait trop avoir recours, il faudrait voir, dans l'anagramme Séraphin Calobarsy, l'histoire lamentable de la vie de Rabelais, les persécutions endurées au couvent de Fontenay-le-Comte et, plus tard, les poursuites ou menaces de poursuites dont il fut l'objet, pour cause d'hérésie.

Le mot Séraphin, de l'hébreux *Séraphim*, signifierait, suivant l'usage qu'en faisait la cabale, intelligence ardente des esprits animaux. Quant au vocable Calobarsy, ce mot serait composé de trois mots grecs : *kalos* (καλος), qui veut dire bon, beau ; de *bar* (βαρ, pour βαρος), lourd,

pesant, et de *si*, origine *siô* (σιω) dorique, pour σειω),
opprimer, secouer. Réunis, les deux mots Séraphin et Calobarsy voudraient donc dire une
bonne intelligence ardente, lourdement secouée,
en latin *quassata* : mélancolique devise qui serait
bien l'image de la vie de Rabelais. Enfin, dans
le prologue du quart livre, d'abord supprimé
par l'auteur, puis rétabli dans les éditions
modernes, d'après une édition de 1548, Rabelais
se disait *Calloyer des îles d'Hières*.

Calloyer, de καλός ιερεύς, signifie bon prêtre ou
bon père, patriarche. Les mauvaises langues de
l'époque disaient « beaux pères ».

> Or ça, Jacobains, Cordeliers,
> Augustins, Carmes, Bordeliers,
> D'où vient qu'on vous nomme *beaux pères* ?
> C'est qu'à l'ombre du crucifix
> Souvent faites filles et fils
> En accointant les belles-mères.

Revenant à Chinon, on est frappé, j'allais
dire ému, de l'attendrissement tout particulier
que fait paraître Rabelais chaque fois qu'il en
parle. On a le sentiment qu'il est hanté par le
souvenir du pays natal. L'image de la Cave
Peinte le poursuit partout. Au fort de la tempête, à ce moment solennel où les matelots les

plus aguerris s'abandonnent au désespoir, Panurge n'a qu'une pensée : « Plust à la digne vertu de Dieu qu'à heure présente je fusse chez Innocent le pâtissier devant la Cave Peinte de Chinon, sur peine de me mettre en pourpoint pour cuire les petits pâtés. »

Cette Cave Peinte, dont Rabelais aime tant à évoquer le souvenir comme s'il eût vécu là le meilleur de sa vie, se voit encore à Chinon.

Lorsqu'au départ de l'hôtel de ville on s'engage dans la rue Haute-Sainte-Marguerite, on trouve à droite la rue du Grenier-à-Sel ; dans cette rue, une impasse d'une longueur de 70 mètres environ, au fond de laquelle est la Cave Peinte. Malgré les modifications apportées par l'usure du temps à cette pieuse relique, on reconnaît sans peine le modèle dont Rabelais s'est servi pour construire son temple de la Dive Bouteille. « Là, je disais à Pantagruel : cette entrée me révoque en souvenir la Cave Peinte de la première ville du monde, car là sont painctures pareilles en fraîcheur comme ici (1). »

A l'entrée de la Cave Peinte on voit un arceau ogival d'une hauteur de 5 m. 50, du sommet à la base. Cette porte monumentale existait

---

(1) *Pantagruel*, liv. V, chap. xxxiv.

assurément du temps de Rabelais ; voici comment il la décrit :

« Passâmes dessous un arc antique, auquel était le trophée d'un buveur bien mignonnement insculpé : scavoir est en un bien long ordre de flacons, bourraches, bouteilles, fioles, ferriers, barils, barreaulx, pots, pintes, cymaises antiques pendantes d'une treille ombrageuse (1). »

Tel est le souvenir un peu hyperbolique que Rabelais avait de la Cave Peinte de Chinon, lorsqu'il traçait le plan du temple où officiait la pontife Bacbuc.

Quant à moi, lorsque, pour la première fois, j'ai franchi le seuil de la Cave Peinte, je n'ai pu me défendre d'une profonde émotion, comme si venait jusqu'à moi et résonnait à mon oreille cette antique invitation :

> Passant ici cette poterne,
> Garny toi de bonne lanterne.

Il n'est pas jusqu'au jardin qui se trouvait aux abords de la Cave Peinte, dont Rabelais ne se soit souvenu dans l'aménagement de son temple.

« Cestuy arc finissait en une belle et ample tonnelle, toute faite de ceps de vigne... La fin

_____

(1) *Pantagruel*. liv. V, chap. XXXIV.

d'icelle estait close de *trois* antiques lierres bien verdoyants et tous chargés de baies (1). »

A remarquer le mot trois. Pourquoi trois, plutôt que deux ou quatre ? Ce simple détail n'aurait pas été rappelé par Rabelais, s'il ne s'agissait d'un souvenir précis. Un peu plus loin, on rencontre une porte gothique de la fin du quinzième siècle. Cette porte donnait autrefois accès dans le jardin. Aujourd'hui, elle est murée. Pour pénétrer dans le jardin, on est obligé de passer par la maison voisine. Alors, on a devant soi une cave avec voûte en ogive, au fond de laquelle, sous un second arceau, l'on découvre un escalier.

Rien n'a été changé, depuis Rabelais, dans les dispositions du jardin, de la cave et du caveau.

« Ainsi descendîmes sous terre par un arceau incrusté de plastre, peint en dehors rudement d'une danse de femmes et satyres, accompagnant le vieil Silenus riant sur son âne (2). »

A cet endroit, il y a trois marches, au bas desquelles est un palier qui conduit à un autre escalier de douze marches, lequel accède à un nouveau palier.

« Depuis, descendîmes un degré marbrin sous

(1) *Pantagruel*, ibid.
(2) *Pantagruel*, liv. V, chap. XXXV.

terre ; là estait un repos ; tournant à gauche en descendîmes deux autres ; là estait un pareil repos ; puis trois à destour, et repos pareil, et quatre de mesme (1). »

On est surpris de voir avec quelle fidélité Rabelais a reproduit, dans son temple de la Dive Bouteille, les moindres détails de la Cave Peinte. Il n'est pas jusqu'à la fontaine fantastique dont, sur l'invitation de la pontife Bacbuc, les pantagruélistes goûtèrent l'eau limpide et argentine, qui n'ait été empruntée à la Cave Peinte où l'on retrouve encore aujourd'hui, au bas du second palier, une source dont l'eau est excellente et d'une grande fraîcheur.

Quant à l'origine du nom de Cave Peinte, il vient incontestablement des peintures qui en ornaient l'entrée, dont Rabelais parle en plusieurs endroits de son livre et qui existaient encore à la fin du dix-septième siècle, bien plutôt que des pintes placées, en façon d'enseigne, à la porte d'entrée avec d'autres ustensiles de beuverie.

(1 *Pantagruel*, chap. XXXVI.

Au couvent de Fontenay-le-Comte.
La jeunesse de Rabelais.

De bonne heure, le jeune François Rabelais fut placé dans une école dépendante de l'abbaye de Seuillé, proche le clos de la Devinière ; il y apprit à lire. Plus tard, son père l'envoya au couvent de la Beaumette ou Basmette, près d'Angers.

Grâce à sa belle humeur, à une gaieté intarissable, un esprit curieux, des agréments de caractère qu'il a largement prêtés aux héros de son roman, le jeune Rabelais se fit bientôt des amis parmi les fils de famille, jeunes gens réservés aux plus hautes destinées, ses camarades d'études, les frères du Bellay, Geoffroy d'Estissac entre autres. Ce dernier, à son tour, le mit en rapport avec Pierre Amy, l'illustre helléniste, dont la famille, originaire de Nantes, avait avec la sienne des liens de parenté ou tout au moins d'amitié (1).

Quand l'heure fut venue pour Rabelais de

(1) J'écris Amy parce que Rabelais et la plupart des écrivains ont adopté cette orthographe ; il faudrait écrire Lamy, d'après Benjamin Fillon, qui justifie cette opinion par la signature du savant cordelier, mise à côté de celle de Rabelais au bas d'un acte public, où on lit *P. Lamy*.

prendre un état, son père en fit un moine et, qui
pis est, un moine mendiant.

Docile à la volonté paternelle, Rabelais quitta
l'abbaye de la Beaumette vers l'année 1508, et
se rendit dans le Bas-Poitou chez les cordeliers
de Fontenay-le-Comte, dont le monastère était
situé dans le faubourg Saint-Martin, sur le ver-
sant sud-ouest d'une colline, au pied de laquelle
s'étend une grande prairie qui servait, à cette
époque, de champ de foire et qui n'a pas changé
de destination.

Détruit en 1568 par les bandes de protestants
bas-poitevins, le monastère des cordeliers fut,
quelque temps après les guerres de religion,
reconstruit sur le plateau supérieur, pour disparaître complètement sous la Révolution.
Quant aux restes de l'ancien couvent, celui
qu'avait connu Rabelais, on y avait établi un
sanitat, sorte de sanatorium-hôpital où l'on amenait les malades en temps d'épidémies. C'est
ainsi que de 1603 à 1636, époque malheureuse
durant laquelle le pays fut ravagé à plusieurs reprises par la *peste bleue*, sans doute le choléra,
et la *fièvre pourpre*, la scarlatine, le sanitat ne
cessa d'être encombré de malades et de mourants.

Entre tous les ordres religieux, les cordeliers

se faisaient remarquer par leur vulgarité et leur
grossièreté. Savoir lire était considéré chez eux
comme un vice et un commencement d'hérésie,
le fondateur de l'ordre ayant fait de l'ignorance
la première des vertus. Ce qui n'empêche que
dans leur monastère, dans celui de Fontenay-
le-Comte en particulier, il ne se rencontrât des
esprits indépendants, curieux de savoir, qui,
dans le mystère et au mépris des règles de
l'ordre, s'adonnaient passionnément à l'étude.
Tel Philippe Bertin, qui fut brûlé par le bour-
reau comme fauteur d'hérésie, le 7 mai 1448.
Bertin mort eut des successeurs, Pierre Amy et
François Rabelais.

Détail curieux, que j'emprunte à un érudit
doublé d'un lettré, Benjamin Fillon, et qui expliquerait peut-être la sympathie de Rabelais
pour la Réforme, la cellule de Bertin fut le
berceau de l'Église réformée de Fontenay-le-
Comte.

Tel fut le milieu dans lequel Rabelais passa
quinze années de sa vie, de 1509 à 1524. Il y
reçut tous les ordres, y compris la prêtrise, qui
lui aurait été conférée en 1511 suivant les uns,
en 1520 suivant d'autres historiens. Toujours
est-il qu'en l'année 1519, Rabelais, en sa qualité
de Frère mineur, apposa sa signature à côté de

celle de Pierre Amy et de quelques autres moines au dos d'un acte d'achat fait par le couvent de la moitié d'une auberge. A cette époque, Rabelais devait être prêtre, car il n'est guère admissible que l'on ait chargé d'un acte aussi important un simple moinillon.

Rabelais eut la bonne fortune de rencontrer chez les cordeliers de Fontenay quelques hommes d'études, perdus dans la masse ignare des moines, suspects à leur entourage, mal vus, maltraités et continuellement en danger de subir le sort de leur prédécesseur, le malheureux Bertin. Ces savants se firent un plaisir d'initier le nouveau venu aux sciences qu'ils cultivaient eux-mêmes avec autant de passion que de désintéressement.

Pendant son séjour à Fontenay, Rabelais traduisit le premier livre d'Hérodote, traduction qui fit un certain bruit à l'époque.

Au cours d'une controverse qui s'éleva entre Aymery Bouchard, président à Saintes, et André Tiraqueau, à propos d'un traité que ce dernier avait écrit sur le mariage, *De Legibus connubialibus*, on en appela de part et d'autre à Rabelais. A cette occasion, Tiraqueau le traita « d'homme d'une habileté consommée dans les langues latine et grecque et dans toutes les sciences, au delà de ce qu'on attendait à son âge et en dehors des habitudes, pour ne pas dire des scrupules excessifs (*nimia religio*) de son ordre ».

C'est merveille, en effet, qu'en si peu de temps Rabelais ait acquis des connaissances juridiques assez étendues et sûres pour qu'un jurisconsulte de la valeur de Tiraqueau ait eu recours à lui.

En même temps il s'occupait avec non moins de succès de philosophie avec Pierre Amy, de botanique et de médecine avec Raoul Colin, célèbre médecin qui fréquentait volontiers la cellule de Pierre Amy.

Dans la nuit du cloître, et trompant la surveillance jalouse dont ils étaient l'objet, Rabelais et Pierre Amy n'étaient pas sans recevoir, par l'intermédiaire de Geoffroy d'Estissac, leur ancien camarade au couvent de la Beaumette, non seulement des livres grecs, mais encore les produits des presses suspectes de Henri Estienne, comme aussi des imprimeries de l'Allemagne et de l'Italie. Cela résulte d'une pièce curieuse, publiée par B. Fillon (1). Il s'agit d'une quittance donnée à Pierre Amy par un des voyageurs en librairie de Henri Estienne, où se trouve la liste de quel-

(1) FILLON, Lettres écrites de Vendée à M. Anatole de Montaiglon (1861).

ques-uns des ouvrages fournis aux deux moines
de Fontenay : la *Cronique* (de Nuremberg sans
doute), *Aristoteles*, *Querela juris* (d'Érasme),
Homerus, *Cicero*, *Carrara*, la *Voye céleste* et
le *Triomphe de Mantuène*.

Rabelais avait encore recours à un autre moyen
pour se procurer des livres. Les cordeliers
étaient souvent appelés à prêcher dans les vil-
lages voisins de Fontenay ou dans quelques
villes de la région. Les sermons de Rabelais
étaient généralement très appréciés, et son tour
de prêcher revenait assez souvent. Pour ce service, les prédicateurs recevaient des honoraires
variant suivant l'importance de la paroisse. Rabelais employait le produit de ses prédications
à acheter des livres.

Il n'en fallait pas davantage pour soulever
contre lui et son compagnon Pierre Amy le fana-
tisme des moines, aux yeux desquels la connaissance du grec constituait une hérésie justiciable
du bûcher. Un jour, à l'instigation des supérieurs
de l'ordre, on pénétra violemment dans leur
cellule, on s'empara de leurs livres et de leurs
papiers qui furent brûlés. Pour eux, jetés dans
la prison du couvent, l'*in pace*, ils ne durent leur
salut qu'aux amis puissants qui veillaient sur eux
et qui les firent échapper.

Le souvenir de ces heures douloureuses demeura vivant dans la mémoire de Rabelais, qui, pour toute vengeance, se contente de conter cette aventure dans un énorme éclat de rire : *Comment Panurge eschappa de la main des Turcs*, chapitre à lire et que je recommande aux écoliers qui voudraient se faire une pinte de bon sang.

En un autre endroit, il fait allusion à cette fuite du couvent. Au livre III du *Pantagruel*, chapitre X, Panurge, de plus en plus perplexe sur le cas de mariage, se résout à consulter « les sorts virgilianes ». Cette façon de prophétie consistait à ouvrir par trois fois avec l'ongle un volume de Virgile et à s'en rapporter pour la sentence aux vers contenus dans les lignes désignées d'avance. A ce propos, Rabelais donne une longue liste de personnages qui avaient eu recours à ce procédé. La liste se termine par le nom de Pierre Amy. « Il explora pour savoir s'il échapperait de l'embûche des farfadets et rencontra ce vers de l'*Énéide*, livre III, 44 :

> *Heu ! fuge crudeles terras, fuge littus avarum.*
>> Laisse soudain ces nations barbares,
>> Laisse soudain ces rivages avares.

Puis eschappa de leurs mains, sain et saulve. »

Pendant que Pierre Amy se rendait à Bâle auprès d'Érasme, pour y poursuivre dans le calme de l'amitié ses études favorites, Rabelais se réfugiait à Ligugé, sous la protection de Geoffroy d'Estissac ; il y demeurait plusieurs années, vivant dans la société des savants et des hommes de lettres que l'évêque de la Maillezais réunissait journellement à son château d'Ermenaud. C'est pendant son séjour à Ligugé que Rabelais, qui avait passé de l'ordre des cordeliers dans celui des bénédictins, renonça définitivement à la robe du moine pour prendre l'habit de prêtre séculier. Cet acte eût pu lui coûter cher sans l'intervention de l'ami inlassable Geoffroy d'Estissac, qui obtint du pape Clément VII un indult en sa faveur.

Il y a ici dans la vie de Rabelais cinq à six années dont on ne connaît pas bien l'emploi, à moins que cette lacune n'ait été remplie par de nombreux voyages auxquels il paraît s'être livré sans que l'on ait pu avec une certitude suffisante en tracer l'itinéraire. C'est l'époque où, suivant l'expression dont il se sert lui-même dans la supplique qu'il adressa au pape Paul III, il se lança matériellement et moralement *per abrupta seculi.*

« Existence de grand curieux, dit Paul Stapfer, d'une insaisissable mobilité, qui nous

montre Rabelais, comme Pantagruel son héros,
continuellement en voyage, tour à tour à Paris,
Poitiers, Toulouse, Bourges, Orléans, Angers
(sans parler de la Touraine), à Montpellier et à
Lyon, à Grenoble et à Chambéry, à Castres,
à Narbonne, aux îles d'Hyères et à Metz ; passant quatre fois les Alpes et visitant Turin, Flo-
rence, Rome, peut-être aussi l'Angleterre, et
les îles de la Manche, mais certainement bien
plus de lieux intéressants que ses biographes
n'ont pu en noter. »

Dans les longs voyages et divers où il entraîne son héros Pantagruel, Rabelais parle de
gens, de choses, d'usages locaux en des termes
tellement précis et pittoresques qu'il est impossible d'admettre qu'il ne les ait pas vus. C'est
ainsi qu'au chapitre V du livre IV du *Pantagruel*
il fait la description d'un dolmen, qui se trouve
dans les environs de Poitiers.

« Pantagruel vint à Poitiers pour étudier et y
profita beaucoup : auquel lieu voyant que les
escoliers estaient aucune fois de loisir, et ne sa-
vaient à quoi passer temps, il en eut compassion.
Et un jour, prit, d'un grand rocher qu'on nomme
Passelourdin, une grosse roche ayant environ
de douze toises en carré et d'épaisseur quatorze
pans, et la mit sur quatre piliers au milieu

d'un champ bien à son aise, afin que les dits
escoliers, quand ils ne sauraient autre chose
faire passassent temps à monter sur la dite pierre
et là banqueter à force flacons, jambons et pastés et escrire leurs noms dessus avec un couteau ;
et de présent l'appelle on la *Pierre Levée*. »

Il est évident que Rabelais a vu la Pierre
Levée, qu'il a connu l'usage qu'en faisaient, aux
jours où ils « estaient de loisir », les écoliers de
l'Université de Poitiers, usage qui s'est conservé
jusqu'à ce jour.

De là, Rabelais vint à Toulouse en traversant
tout le Bas-Poitou jusqu'à la Rochelle, où il
prit passage sur un navire en partance pour Bor-
deaux. Cette dernière ville ne paraît pas l'avoir
beaucoup intéressé ; il n'y voit rien qui mérite
d'être retenu, si ce n'est le passe-temps favori
des gabarriers qui « jouaient aux luettes sur la
grève », jeu préféré des mousses et des ma-
nœuvres du port.

Peut-être aussi avait-il hâte d'être à Toulouse,
où l'attendait son ami Boyssonné, professeur de
droit à l'université de cette ville, et pour lequel
il avait une véritable vénération, « le très docte
et vertueux Boyssonné, l'un des plus suffisans
qui soit huy en son estat ».

Boyssonné paraît avoir eu une grande affection

pour Théodule Rabelais, fils de l'auteur du *Gargantua*, né vraisemblablement à Lyon en 1533, mort à Toulouse à l'âge de deux ans. Il écrivit plusieurs pièces de vers latins sur cet enfant et en parle en termes émus : « Moi qui repose sous cette tombe étroite, vivant j'ai eu des pontifes romains pour serviteurs. »

Rabelais paraît avoir éprouvé quelque déception en cette ville où il se promettait beaucoup de plaisir en la compagnie des écoliers, joyeux compères, experts à la danse et à tous les exercices de l'épée à deux mains. Aussi n'y demeura-t-il guère, surtout quand il vit que les dits écoliers y faisaient brûler leurs régents. Un de ces régents était précisément Boyssonné. Soupçonné d'avoir embrassé les opinions de Luther, il fut arrêté par l'inquisiteur de la foi et faillit être brûlé.

Rabelais parle, en plusieurs endroits de son livre, de Toulouse : « De là en hors fut tenue comme chose certaine que l'argent de Baché plus estait aux Chicanous et records pestilent, mortel et pernicieux que n'estait jadis l'or de Tholose et le cheval Sejan ».

Ce sont là deux proverbes rapportés par Cicéron et Aulu-Gelle. Ils se disaient de tout profit illicite, qui devenait fatal à quiconque y

avait recours. L'or de Toulouse est une allusion
à la mort misérable des soldats du consul Cé-
pion qui, dans le pillage de la ville s'étaient
approprié les trésors des temples. Quant au
cheval Séjan, il s'agit d'un cheval appartenant
à un certain Séjus, qui jetait par terre tous ceux
qui le montaient.

En un autre endroit du *Pantagruel*, livre IV,
à propos des Andouilles que Pantagruel « rompit au genoil », il est question d'un « gros, gras,
gris pourceau qui avait les pieds blancs... largement pattés, comme sont oies et comme jadis
à Tholose les portait la reine Pédauque ».

Rabelais fait ici allusion à l'image d'une
femme que l'on voit représentée avec des pieds
d'oie dans les sculptures de l'église Saint-Ser-
nin, et que l'on prétendait être le portrait de la
reine Berthe, mère de Charlemagne.

Rabelais aurait habité Toulouse entre 1526
et 1530.

A MONTPELLIER

En 1530, on rencontre Rabelais à Montpellier.
C'est l'époque où il vint s'asseoir sur les bancs
de l'École de médecine, comme l'atteste la déclaration suivante écrite de sa main et signée
de son nom sur les registres de la Faculté : « Moi

François Rabelais, de Chinon, diocèse de Tours, me suis rendu ici à l'effet d'étudier la médecine et me suis choisi pour parrain l'illustre maître Jean Schyron docteur et régent dans cette Université. Je promets d'observer tous les statuts de la dite Faculté de médecine, lesquels sont d'ordinaire gardés par ceux qui ont de bonne foi donné leur nom et prêté serment suivant l'usage et sur ce, ai signé de ma propre main. Ce 16e jour de septembre, l'an de notre Seigneur 1530 (1) ». En marge, tracée par une autre main, et en abrégé, cette note : « Solvit tres libras ». Ce n'était qu'un acompte, car dans le *Liber procuratoris studiorum*, il est question non plus de trois livres, mais d'un écu d'or qu'aurait payé le nouvel inscrit : *Rabelæus diocesis turonensis solvit die 1er decembris 1530 unum aureum.*

Rabelais n'arrivait pas à la Faculté absolument ignorant de la médecine, comme la plupart de ses condisciples. Au couvent des cor-

---

(1) Ego Franciscus Rabelæsus, Chinonensis diocesis Turonensis, huc adpuli studiorum medicinæ gratiâ, diligique mihi in patrem egregium dominum Joannem Scurronem, doctorem regentemque in hac alma universitate. Polliceor autem me omnia observatorum quæ in prædicta medicinæ Facultate statuuntur et observari solent ab iis qui nomen bona fide dedere juramento, ut moris est, præstito : adscripsique nomen meum manu proprio. Die 16 mensis septembri anno domino 1530.

deliers déjà, profitant des leçons de son ami
Raoul Colin, il avait fait de l'empirisme. Plus
tard, à Ligugé, il explorait en botaniste pas-
sionné les bords du Clain, qui lui offraient ample
provision de plantes médicinales.

On raconte, à ce propos, une histoire dont
l'authenticité a été contestée, mais qui a certainement un fond de vérité. Lorsque, tout frais
débarqué de la veille, Rabelais se présenta à la
Faculté, on y discutait une thèse sur les vertus
de certaines plantes employées en médecine.
Au cours des débats, il ne put s'empêcher de
donner des signes d'impatience, malgré la réserve que lui commandait son titre de nouvel
admis. Trouvait-il que la discussion traînât ou
que les opinions émises de part et d'autre fussent
erronées ? Quoi qu'il en soit, le président de la
soutenance frappé de l'air intelligent du nouveau
venu, de sa belle physionomie, l'invita à prendre
la parole. Rabelais s'excusa tout d'abord d'avoir
à parler devant tant de gens illustres, puis, entrant dans le fond de la question, il fit preuve
d'un si grand savoir que l'auditoire enthou-
siasmé lui fit une véritable ovation. Au dire de
quelques-uns, ce succès lui valut le grade de
bachelier qui lui aurait été donné, séance te-
nante.

Qu'y a-t-il de vrai dans cette histoire que la tradition orale a conservée, mais dont on ne trouve aucune trace dans les archives de la Faculté de médecine. Ce que l'on peut affirmer, c'est que ce n'est pas au mois de septembre 1530 que Rabelais fut reçu bachelier, mais au mois de décembre, comme l'atteste la déclaration suivante consignée sur les registres de la Faculté : « Moi Rabelais, du diocèse de Tours, ai été promu au grade de bachelier le premier jour du mois de décembre de l'an de notre Seigneur 1530, sous le révérend Jean Schyron, maître ès-arts et professeur de médecine. »

Il était de règle à la Faculté, de Montpellier, que les candidats à la licence fissent pendant trois mois, dans la première année de leur inscription, un cours public sur un sujet de leur choix. Rabelais n'eut garde de manquer à cette obligation, et devant un auditoire nombreux et sympathique il commenta les *Aphorismes d'Hippocrate* et l'*Ars parva de Galien*. Il en profita pour faire la critique de la traduction latine en usage parmi les étudiants, et la corrigea d'après un manuscrit dont il était possesseur.

A Montpellier, ville merveilleuse, où le plaisir et le travail vont de pair, sans que jamais l'un nuise à l'autre, Rabelais trouvait encore le temps,

au milieu de ses études et de ses cours publics,
de se divertir avec ses camarades de Faculté,
autrement sociables que les écoliers de Toulouse.
C'est à Montpellier qu'avec plusieurs de ses amis,
dont il n'oublie pas de donner les noms, il joua
la comédie morale *de celuy qui avait épousé
une femme mute*, farce pleine d'esprit et de
bon sens dont Molière devait se souvenir plus
tard dans *le Médecin malgré lui*.

« Le bon mari voulait qu'elle parlât. Elle
parla par l'art du médecin et du chirurgien, qui
lui coupèrent un encyliglotte qu'elle avait sous
la langue. La parole recouverte, elle parla tant
et tant que son mari retourna au médecin pour
remède de la faire taire. Le médecin respondit
en son art bien avoir remède pour faire parler
les femmes, n'en avoir pour les faire taire. Remède unique estre surdité du mary, contre cestuy
interminable parlement de femme. Le paillard
devint sourd, par je ne sçay quels charmes qu'ils
firent. Sa femme voyant qu'il estait sourd devenu, qu'elle parlait en vain, de luy n'estait en-
tendue devint enragée. Puis le médecin demandant son salaire, le mary respondit qu'il
estait vraiment sourd, et qu'il n'entendait sa demande. Le médecin lui jetta au doz ne sçay
quelle poudre par vertu de laquelle il devint

fol. Adonc le fol mary et la femme enragée se ral-
lièrent ensemble et tant battirent le médecin et
chirurgien qu'ils le laissèrent à demy mors. Je
ne ris oncques tant que je fis à ce patelinage (1). »

A cette même époque se rapporterait une
anecdote héroïcomique, dont l'authenticité n'est
pas bien établie, à moins que l'on n'admette que
Rabelais y ait fait allusion au chapitre IX du
livre Ier du *Pantagruel*.

A peine arrivé à Montpellier, l'année même
de son baccalauréat, Rabelais aurait été envoyé
en ambassade auprès du chancelier Duprat,
dans le but d'obtenir de lui le rétablissement
de certains privilèges, dont la suppression aurait
causé un dommage considérable à l'Université
de Montpellier.

Le malheur est qu'il n'y a pas trace, dans les
actes de l'Université, de droits particuliers
quelconques qui lui auraient été enlevés à cette
époque. Aussi a-t-on cherché ailleurs un prétexte à cette mission de Rabelais à Paris. On
raconte qu'un collège privé, portant le nom de
Gironne, ayant été supprimé, Rabelais aurait été
chargé d'en demander le rétablissement au chancelier Duprat. A cet effet, il se serait rendu à
Paris, où il n'aurait pu être reçu par le chance-

(1) *Pantagruel*, liv. III, chap. XXXIV.

lier, n'ayant aucune lettre l'accréditant auprès de
lui; ce qui serait pour le moins étrange. Il aurait alors eu recours à un moyen dont se sert
Panurge pour être admis auprès de Pantagruel.
Il aurait simulé la folie. Le chancelier, intrigué
par l'allure énigmatique du personnage, ayant
dépêché auprès de lui un de ses domestiques,
Rabelais aurait répondu à ses questions en
latin. Ahuri, le premier interlocuteur ayant été
remplacé par un autre, Rabelais lui aurait parlé
en grec, et ainsi de suite, épuisant toutes les langues connues, sans parler des idiomes locaux et
patois nationaux jusqu'à ce que toute la maison
civile et militaire du chancelier y eut passé,
pour se résoudre, en fin de compte, à se servir
du langage connu de tous, le français vulgaire.

Fable ou histoire, peut-être l'une et l'autre,
cette anecdote est rapportée par Rabelais en des
termes tels qu'il est bien difficile de ne pas lui
reconnaître un fond de vérité; d'autant que ce ne
serait pas la seule fois que Rabelais fait parler
Panurge à sa place.

Ce serait une erreur de croire que Rabelais
ait demeuré sans interruption à Montpellier sept
années durant de 1530, l'année de son baccalauréat, à 1537, époque à laquelle il fut reçu docteur. La vérité est qu'il n'y fit que de rares ap-

paritions, le temps de passer ses examens et de faire ses cours obligatoires ; et c'est peut-être ce qui expliquerait que l'on n'ait pas conservé à Montpellier le souvenir de la maison où il aurait habité, tandis que l'on montre celle qu'occupait Jean-Jacques Rousseau, par exemple.

Nul n'est moins sédentaire que l'auteur du *Pantagruel*, grand « voyagier » comme son héros. Quand on le croit à Montpellier assidu à son étude, il est à Toulouse auprès de son ami Boyssonné, à Castres, à Narbonne, où le réclament les malades sur sa réputation universelle de guérisseur, aux îles d'Hyères, où il refait sa provision de plantes médicinales, ailleurs encore, où nous le retrouvons plus tard.

Dans ses *Antiquités de la ville de Castres* (liv. II, p. 45, 1649), Pierre Borel parle d'un voyage de Rabelais à Castres :

« Il ne faut pas oublier à mettre, entre les personnes qui honorèrent Castres, François Rabelais, médecin, qui y a composé une partie de ses œuvres et y a exercé la médecine. »

D'après cette remarque de Borel, il semblerait que Rabelais n'était pas venu à Castres comme un voyageur de passage, mais qu'il y aurait fait un séjour prolongé.

Rabelais connaît bien Castres et l'histoire du

moine de cette ville, dont le froc était réputé pour
ses vertus aphrodisiaques. Il parle d'un certain
Messer Cotal d'Albingue, « prince *del mondo* ».
Albingue était et est encore une des portes de
Castres. Du temps de Rabelais il s'y trouvait sans
doute quelque maison hospitalière ; ce qui le
ferait croire, c'est l'emploi du nom de Cotal,
vocable fantaisiste, emprunté à l'italien, et qui
cache une de ces polissonneries dont frère Jean
illustre volontiers son discours, lorsqu'il entreprend de raconter les mœurs des moines.

Rabelais vint certainement à Narbonne. Salmon Macrin, secrétaire du cardinal du Bellay,
l'affirme dans une ode en vers latins qu'il adresse
à « François Rabelais, de Chinon, médecin très
habile » : « Paris, Narbonne, les rives de l'Aude
ont été témoins de tes cures merveilleuses, ainsi
que l'opulente cité de Lyon, où sont tes pénates
et la paisible résidence. »

Salmon Macrin, poète fameux de la première
moitié du seizième siècle, et auquel ses composi-
tions latines méritèrent le surnom d'*Horace français*, avait une très grande admiration pour
Rabelais, non seulement parce que sa ville natale,
Loudun, était voisine de Chinon, mais surtout
parce que Rabelais était à ses yeux « le seul à
qui Dieu et une nature propice avaient accordé

une science profonde et les bons mots pleins
d'esprit ».

Une légende que l'on récite à Narbonne montre
Rabelais buvant et discourant à l'auberge des
Trois-Nourrices, là même où, un siècle plus
tard, devait séjourner Molière.

LYON

Si l'on ne peut pas dire que Lyon fut une des
villes où Rabelais, qui ne s'arrêtait nulle part,
ait le plus longtemps séjourné, c'est assurément
avec Montpellier celle où se sont passées les
années les plus productives de sa vie. Ce sont
là ses villes de séjour, où il avait établi ses
pénates, selon l'expression de Salmon Macrin,
ce que nous appellerions aujourd'hui son domicile légal.

De Montpellier, et pendant le cours de ses
études, Rabelais allait souvent à Lyon, où le
réclamait la publication de plusieurs ouvrages
de science et de médecine ; il y avait acquis
une réputation telle qu'avant même d'être docteur il avait été nommé médecin en chef du
grand hôpital du Pont-du-Rhône, fonction qu'il
remplissait avec une maîtrise et un succès qui
lui valurent l'admiration du monde savant.

A Lyon, Rabelais dut se préoccuper de trouver
des moyens d'existence, les 4o livres qu'il rece-
vait annuellement en sa qualité de médecin du
grand hôpital ne pouvant lui suffire, même en
y ajoutant le produit de ses publications de
librairie, ouvrages de pure érudition à l'usage
exclusif des intellectuels, qui sont le petit
nombre. C'est pourquoi, à l'exemple de plusieurs
de ses contemporains, et non des moins consi-
dérables dans les sciences mathématiques et
naturelles se décida-t-il à publier des almanachs,
littérature assez commune, mais d'un bon rapport. De 1533 à 155o, il en produisit un grand
nombre, dont il ne nous reste que quelques
fragments.

Le ton de ces publications, où l'on s'atten-
drait à trouver des histoires plaisantes, est le
plus souvent sérieux, grave, austère même;
sortes d'homélies comme en débitaient les prédicateurs de carême. On y parle des accidents
de cette « vie transitoire », dont la foi dans la
vie future est seule capable de nous consoler.
« Souhaitez, disait Rabelais à ses lecteurs, que
vos âmes soient hors mises cette chartre ténébreuse du corps terrien, adjointes à Jésus-
Christ. Lors cesseront toutes passions, affections et imperfections humaines ; car en jouis-

sance de lui auront plénitude de tout bien, tout savoir et toute perfection, comme chantait jadis le roy David, psalme 16 : *Tunc satiabor cum apparuerit gloria tua.* »

Tels étaient, à cette époque, le style et la teneur de ces écrits, si différents de l'almanach moderne, et qui devaient répondre à un besoin général, si l'on en juge par la vente énorme qui s'en fit et le profit qu'en retiraient auteurs et libraires.

Cependant, par exception, l'on trouve en quelques-uns de ces almanachs la note comique particulière à l'auteur du *Pantagruel*. C'est, par exemple, *la Pantagruéline Pronostication certaine, véritable et infaillible pour l'an perpétuel, nouvellement composée au profit et advisement des gens estourdis et musards de nature, par Maître Alcofribas, architriclin du dit Pantagruel*.

Cette pantagruéline pronostication est le seul almanach de Rabelais qui nous soit parvenu entier. A ce titre, on nous permettra de nous y arrêter un instant, ne serait-ce que pour en reproduire quelques passages curieux.

Au début, l'auteur du *Pantagruel* n'ose se départir tout à fait du langage universellement admis dans ces sortes de publications : *Salut et paix en Jésus-Christ*. C'est en ces termes qu'il s'adresse au « lecteur bénévole », puis tout aussitôt changeant de ton :

« Dont pour cette année les chancres iront de cousté, et les cordiers à reculon. Les escabelles monteront sur les bancs, les broches sur les landiers, et les bonnets sur les chapeaulx ; les puces seront noires pour la plus grande part ; le lard fuira les pois en quaresme ; le ventre ira devant ; le cul se asseoira le premier... Vieillesse sera incurable cette année à cause des années passées. Ceulx qui seront pleurectiques auront grand mal au cousté. Ceulx qui auront flux de ventre iront souvent à la selle percée... Les aureilles seront courtes et rares en Gascogne plus que de coutume... Il régnera quasi universellement une maladie bien horrible et redoutable, maligne, perverse, espoventable, et malplaisante. Je tremble de peur quand je y pense : car je vous dis qu'elle sera épidémiale, et l'appelle Averroys : faulte d'argent... »

Puis, Rabelais s'en prend à l'astrologie qu'il raille agréablement : « Quelque chose que vous disent ces fols astrologues de Louvain, Nuremberg, de Tubinge et de Lyon, ne croyez... La plus grande folie du monde est de penser qu'il y ait des astres pour les roys, les papes et gros seigneurs, plus tost que pour les pauvres et souffreteux... Tenant donc pour certain que les astres se soucient aussi peu des roys comme des gueux, et des riches comme des maraulx, je laisserai ès autres fols pronosticateurs à parler des roy et riches et parleray des gens de bas estat. »

Dans ce simple propos, on entrevoit déjà le *Pantagruel* et ce grand bon sens qui fait le charme de ce livre.

Vient ensuite une longue énumération et fort plaisante des dites gens de bas état et autres qui sont soumis à la domination des étoiles. Rabelais n'a garde d'oublier les cagots, caffards, porteurs de rogatons, bullistes..., moines, hypocrites, chatemites... patenostriers... qui sont sous la domination de Jupiter, et autres gens d'Église « dont il en mourra tant qu'on ne pourra trouver à qui conférer les bénéfices » ; tandis que « les nonnains, qui sont sous la protection de Vénus, à peine conceptront sans opération virile ».

Mais Rabelais ne devait pas s'arrêter longtemps à ces publications enfantines ; il travaillait en même temps à son grand ouvrage satirique, *Gargantua* et *Pantagruel*, auquel son nom devait rester inséparablement lié.

Dès l'année 1532, il publiait, sous le titre un peu emphatique de *Grandes et Inestimables Chroniques du grand et énorme géant Gargantua*, un petit roman assez médiocre, qui, lancé par un libraire doublé d'un négociant, eut un immense succès.

Rabelais entrevit-il alors tout le parti qu'il pourrait tirer d'une fable inepte, mais qui avait le mérite de répondre au goût populaire ? Comprit-il que, avec son érudition incomparable, la connaissance profonde et si merveilleusement adéquate qu'il avait de la nature humaine, pêle-mêle avec les fantaisies les plus invraisemblables d'une imagination opulente, il en pourrait tirer une œuvre sans précédent dans l'histoire littéraire des peuples? Peut-être. Toujours est-il que, l'an d'après, en 1533, il publiait le *Pantagruel : Les horribles et espouvantables faits et prouesses du très renommé Pantagruel, roy des Dipsodes, fils du grand géant Gargantua, composez nouvellement par Maître Alcofribas Nasier*.

Rabelais avait écrit ce livre à l'intention de ses chers malades, qui devaient y trouver sinon la guérison, du moins un soulagement bien autrement réel que le rafraîchissement que peuvent éprouver les femmes en mal d'enfant lorsqu'on leur lit la vie de sainte Marguerite, ou seulement qu'on leur applique les feuillets du livre sur le ventre.

« Que dirais-je des pauvres vérolés et goutteux ?... Toute leur consolation n'estait que d'ouïr lire quelque page du dit livre... Est-ce rien cela ? Trouvez moi livre en quelque langue, en quelque faculté et science que ce soit qui ait telle vertu, propriétés et prérogatives, et je payerai chopine de tripes (1). »

Deux années s'étaient à peine écoulées depuis la publication du *Pantagruel*, que parut le *Gargantua : La vie inestimable du grand Gargantua, père de Pantagruel, jadis composé par l'abstracteur de quinte essence. Livre plein de pantagruélisme.*

On s'étonnera peut-être que je fasse remonter la publication du *Pantagruel*, qui porte aujourd'hui le n° 2, dans la série des cinq livres de Rabelais, à l'année 1533, alors que le *Gargantua* ne parut qu'en 1535. Il y a là une question de critique littéraire qui a donné lieu à une longue controverse, à laquelle je ne veux pas revenir. Mais il paraît évident que la primogéniture ne saurait être refusée au *Pantagruel*, dont

____

(1) Prologue du livre II.

il est fait mention dans le titre même du *Gargantua* et dont il est parlé, dans le cours de ce livre,
comme d'un ouvrage déjà connu des lecteurs.
Il faut, d'ailleurs, considérer que le dernier chapitre du livre II, entièrement consacré à l'histoire de Pantagruel, se termine ainsi : « Icy je
ferai fin à ce *premier livre.* » Encore une fois, je
ne crois pas nécessaire de rentrer dans un débat
qui me paraît clos.

Une question se pose d'ailleurs ici, bien plus
intéressante et qui est loin d'être aussi puérile
qu'il pourrait le paraître : quelle est l'origine et
la signification des noms de Gargantua et de
Pantagruel ? car l'on ne saurait admettre que
Rabelais les ait empruntés à la légende populaire
pour une simple raison d'esthétique, sur leur
figure et parce que la résonance des syllabes qui
les composent lui paraissait de nature à attirer
l'attention. Alors que, dans son grand roman
satirique les moindres traits ont un sens caché
qui dépasse la forme plastique, est-il si témé-
raire de penser que les noms donnés par Rabelais à ses héros aient eu dans sa pensée une autre
valeur que la simple apparence? noms types,
une façon d'écriture hiératique, où le maître a
synthétisé des idées qu'il est intéressant de connaître.

C'est ainsi que le nom de Gargantua aurait une origine celtique. Telle est l'opinion de M. Gaidoz, cité par Paul Stapfer. M. Gaidoz aurait trouvé dans le pays de Galles une légende où il est question d'un certain *Gurgunt*, qu'il considère comme un proche parent du Gargantua de la légende gauloise. Cette origine celtique du nom de Gargantua n'a rien d'invraisemblable, si l'on admet l'explication donnée par M. Ph. Ducrot du nom de Alcofribas, dont les syllables, prises individuellement, seraient autant de racines celtiques. N'est-il pas tout naturel de penser que Rabelais, qui avait demandé à la langue des Celtes le surnom destiné à cacher momentanément sa personnalité menacée, lui ait aussi emprunté le nom du principal personnage de son livre.

Gargantua aurait été une divinité celtique avant de tomber au rôle de géant goinfre. C'est aussi l'opinion de P. Stapfer :

« La racine *gar*, dont *garg* est une forme intensive, signifie *avaler*, *dévorer*. Elle se retrouve dans le sanscrit *gargara* (abîme), dans l'espagnol *garganta* (gosier), dans le provençal *gargantuan* (homme ou bête vorace), dans les mots français *gargote*, *gargariser*, *gargouille*, *gargamelle*, etc. *Gargantuas*, ancienne ortho-

graphe dont on retrouve quelques spécimens, est
la forme du nominatif celte (1). »

Quant au nom de Pantagruel, c'est tout à la fois
un nom commun et un nom propre. Rabelais
l'emploie dans les deux sens. Comme nom commun, *pantagruel* est le mal de gorge. Nom
propre, c'était celui d'un diable qui avait pour
fonction d'exciter la soif en jetant du sel dans
la bouche des gens endormis. C'est précisément
ce que fait Pantagruel, le héros de Rabelais.

Partant en guerre contre les 3oo géants, il
prend avec lui, nous dit Rabelais, une barque
pleine de sel, suspendue à sa ceinture, en la
façon des « petits pancrots que portent les lans-
quenettes »; puis ayant trouvé les ennemis endormis par art et artifice de Panurge, étendus sur
le dos, la « gueule baye et ouverte, il leur en remplit le gosier tant que ces pauvres haires toussis-
saient comme renards criant : Ha Pantagruel,
Pantagruel, tant tu nous chauffes le tison ! »

Pour en finir avec ces noms, qu'il me soit permis de citer une opinion émise par M. Ph. Ducrot,
auquel j'ai déjà fait plusieurs emprunts. M. Ducrot pense que Pantagruel et Panurge (παν ουργος)
sont le même nom. En effet, dans le nom de

---

1. STAPFER, *Rabelais. son Génie. son Œuvre, etc.*

Pantagruel on trouve *Panurge*, plus trois lettres
formant le mot *tal* commun à plusieurs langues,
en particulier à la langue des Celtes, avec des
significations analogues : en latin, *talis*, tel ; en
grec, ταλος, race, semence ; en celtique, *tal*, qui signifie front et, par extension, visage. Pantagruel
serait un autre Panurge.

LES DERNIÈRES ANNÉES. — MEUDON.

C'est vraisemblablement vers l'année 1534 ou
peut-être 1535 que Rabelais se rendit à Grenoble ;
je dis vraisemblablement, parce que, ici comme
partout, de sa naissance à sa mort, la plupart
des dates, même celles qui se rapportent aux
événements les plus marquants de sa vie, sont
incertaines. Il venait d'être remercié par les admi-
nistrateurs de l'Hôtel-Dieu du Pont-du-Rhône,
que ses fréquents voyages en Italie et ailleurs
avaient indisposés contre lui. On lui avait donné
pour successeur, dans les fonctions de médecin
en chef, maître Ducastel.

On ne s'explique pas bien cette fuite à Grenoble.

C'était le moment où la Sorbonne prononçait
la censure contre le premier livre du *Pantagruel* ; l'orage grondait. Faut-il croire que Ra-

belais voulut se mettre à l'abri, en se réfugiant
à Grenoble. sous la protection d'un autre Geoffroy d'Estissac, le président à mortier François
de Vachon, dont la maison, d'après Guy Allard,
« était l'asile des hommes de lettres et une académie perpétuelle de gens savants ».

Combien de temps Rabelais demeura-t-il à
Grenoble ? Il serait difficile de le dire ; plusieurs
années, croit-on, à tout instant prêt à passer en
Savoie, le jour où l'asile que lui avait offert le
président Vachon, soit dans sa maison de Grenoble. soit en son château de Veurey, à 15 kilomètres de la ville, sur la route de Voreppe, aurait cessé d'être sûr.

Pendant son séjour à Grenoble, il fit dans les
montagnes du Dauphiné plusieurs excursions,
dont on trouve des traces dans son livre. Au
chapitre LVII du livre VI, il fait la description du mont Inaccessible situé à la limite du
département de l'Isère, en allant vers la Drôme,
du côté de Chelles. Pantagruel, étant descendu
dans une île où se trouvait le manoir de Messer
Gaster, fut frappé de la ressemblance que présentait ce pays avec une montagne du Dauphiné.
« Peu moins inaccessible, dit-il, que le mons du
Dauphiné, ainsi dit pour ce qu'il est en forme
de potiron, et de toute mémoire personne sur-

monter ne l'a pu, fors Doriac, conducteur de l'artillerie du roy Charles huitième, lequel avec engins mirifiques y monta. »

De Grenoble, Rabelais dut plus d'une fois passer en Suisse. Au chapitre XXVIII du livre III du *Pantagruel*, il parle du lac Winderberlich, *le Prodigieux*, comme quelqu'un qui l'a exploré.

Comme frère Jean considérait l'état de Panurge, dont les cheveux et la barbe commençaient à grisonner et se demandait s'il était bien prudent à lui de se marier : « Tes males mules, répondit Panurge, tu n'entends pas les topiques. Quand la neige est sur les montagnes, la foudre, l'esclair, les lancis, le maulubec, le rouge grenat, le tonnerre, la tempête, tous les diables sont par les vallées. En veux-tu voir l'expérience ? Va au pays de Suisse, et considère le lac Winderberlich à quatre lieues de Berne, tirant vers Sion. »

Quel est ce lac ? Les uns y ont vu le lac de Thun, d'autres le lac de Brienz ou des Quatre-Cantons. François Audiger pense que Rabelais a voulu désigner ici le lac de Schwarsee, lac Noir, que l'on nomme encore lac du Moine ou lac Merveilleux, situé entre Sion et Berne, à plus de 1.000 mètres d'altitude. Et voici les raisons qu'il donne de cette opinion. Il existerait une vieille légende, d'origine relativement récente à l'époque où écrivait Rabelais, qui répond bien à la description que fait Panurge du lac Winderberlich.

Voici ce que dit la légende. Un capucin s'était établi dans une des grottes creusées au flanc du mont qui domine le lac Schwarsee, et vivait là en ermite. Ce capucin était en butte aux persécutions incessantes des diables, qui, non contents de le harceler à toute heure du jour et de la nuit, prenaient encore un malin plaisir à dévaster le pays d'alentour, détruisant les troupeaux, brûlant les fermes de la vallée, causant mille dommages aux habitants. Mais voici qu'un jour, las de supporter de tels outrages, notre capucin s'adressa au Dieu tout-puissant avec plus de ferveur que de coutume et implora contre son ennemi la colère divine. Ce que voyant et entendant, les démons, saisis d'épouvante, se seraient précipités dans le lac, pendant que dans la montagne le tonnerre grondait et que l'ouragan faisait rage. A partir de ce jour, les eaux du lac Schwarsee seraient devenues noires, d'où son nom.

En 1535, Rabelais est, pour la seconde fois, à Rome, auprès du cardinal Jean du Bellay, qu'il ne quitta plus jusqu'en 1539, si ce n'est de temps en temps, pour venir à Montpellier, où l'appelaient ses études, et à Lyon, où il avait à surveiller la publication de ses ouvrages.

En 1536, on le voit de nouveau en Italie. Il profita de son séjour dans la ville éternelle pour faire régulariser sa situation. On se rappelle, en effet, que, étant à la Maillezais, Rabelais, dans un moment d'humeur, avait mis bas la robe des moines de Saint-Benoit pour prendre l'habit des prêtres séculiers. Cet acte avait été interprété d'une façon défavorable pour lui, et il ne fallut rien moins que l'intervention de Geoffroy d'Estissac pour faire oublier un mouvement de révolte, où l'on avait vu un commencement d'hérésie. La situation de Rabelais n'ayant pas été régularisée, il profitait d'un voyage à Rome pour obtenir son pardon. Dans ce but, il adressait au pape Paul III, *Beatissime Pater*, une supplique pour apostasie, *supplicatio pro apostasia*, où il demandait la permission de reprendre l'habit de Saint-Benoit et de rentrer dans un monastère de cet ordre, avec l'autorisation de pratiquer partout l'art de la médecine. Satisfaction lui fut donnée par un bref daté du 17 janvier 1536. Ce bref est conçu dans les termes les plus flatteurs pour Rabelais.

Vers la fin de l'année, il se rend à Paris, non sans s'arrêter à Lyon, où le *Gargantua* et le *Pantagruel* sont sous presse.

C'est à ce moment qu'il est fait chanoine de l'abbaye de Saint-Maur-les-Fossés, dont l'évêque de Paris était l'abbé.

L'année suivante, il est encore à Paris. Il assiste à un banquet offert à Étienne Dolet par ses amis. Poursuivi pour un meurtre qu'il avait commis à Lyon, le 31 décembre 1536, Dolet était venu à Paris implorer la clémence du roi. François Ier lui ayant fait grâce, ses amis avait tenu à fêter cet événement heureux. Au banquet assistaient Budé, Macrin, Clément Marot et plusieurs savants et hommes de lettres des plus en renom. On y parla d'Érasme, de Mélanchton et de quelques autres qui s'étaient fait excuser, et leurs noms furent salués par de bruyantes acclamations.

En 1537, Rabelais se trouve de nouveau à Montpellier, où il est promu docteur. Il profite de son séjour dans cette ville pour faire, devant un nombreux auditoire, un cours sur les *Pronostics* d'Hippocrate. L'année suivante, il y était encore : il y fit une leçon d'anatomie qui fut applaudie par les étudiants accourus pour l'entendre, et pour laquelle il reçut, du doyen de la Faculté, un écu d'or. Rabelais est un des premiers anatomistes qui aient donné des explications publiques sur le cadavre, bien avant Vésale, qui n'était alors qu'un tout jeune homme.

En 1539, Rabelais quittait son protecteur et ami le cardinal Jean du Bellay, pour passer au service de l'aîné de la famille, Guillaume du Bellay, diplomate habile en même temps qu'homme de guerre, alors vice-roi du Piémont.

Rabelais revit encore une fois l'Italie, qu'il devait quitter pour toujours trois ans après, vers la fin de 1542.

Averti par ses espions que Charles-Quint cherchait un prétexte pour attaquer François Iᵉʳ, Guillaume du Bellay quittait précipitamment Turin pour se rendre à Paris et en informer le roi. Mais, déjà malade, il fut obligé de s'arrêter en route, entre Lyon et Roanne, près de Saint-Symphorien, où il mourut.

Au livre IV du *Pantagruel*, Rabelais conte cette douloureuse aventure en un récit vibrant d'émotion, « comment Pantagruel raisonne sur a dissession des âmes héroïques ».

La mort du seigneur de Langey avait été précédée de grands troubles dans la nature, et « de prodiges horrifiques », dont Rabelais fut témoin :

« Ce que nous vismes plusieurs jours avant le département de cette tant illustre, généreuse et héroïque âme du docte et preux chevalier de Langey. »

C'est à cette époque que, en reconnaissance

des services qu'il avait rendus à son frère, René
du Bellay, évêque du Mans, conféra à Rabelais
la cure de Saint-Christophe-de-Jambert, dont il
touchait les revenus, sans être obligé à résidence.

Cependant, François Ier était gravement malade, qui avait été son protecteur et son ami
dans la mesure où le lui permettaient ses fonctions de chef d'État. On attendait sa mort d'un
moment à l'autre. Pourrait-on compter sur son
successeur ? Les du Bellay conserveraient-ils
auprès du nouveau roi le crédit dont ils avaient
joui à la cour de François Ier ? Question trou-
blante. Rabelais crut prudent de se mettre en
sûreté, et devançant les événements, il quitta la
France et se réfugia à Metz, sans même attendre la mort du roi. Il y était encore en 1547.
Pressé par le besoin, il avait consenti, comme
il le dit lui-même dans une lettre désespérée à
Jean du Bellay, à « s'asservir à quelqu'un de par
dolà », dussent ses études en souffrir.

Il fut, en effet, pendant quelques années, médecin salarié de la ville de Metz, aux gages de
120 livres par an.

De retour en France, Rabelais obtint la cure
de Meudon qui lui fut dévolue par provision du
18 janvier 1550.

La même année, malgré les propos venimeux et les injures sanglantes de Puits-Herbault, moine tourangeau, qui l'envoyait à Genève lui et son pantagruélisme, comme d'autres envoient à tous les diables, Rabelais obtint, par l'intermédiaire du cardinal de Châtillon, un privilège du roi Henri II, lui permettant d'imprimer ses œuvres, « mêmement certains volumes des faicts et dicts héroïques de Pantagruel, non moins utiles que délectables ».

Nous sommes à la fin de 1550, Rabelais a pour toujours renoncé à ses grands voyages, si nombreux et si prompts qu'il était partout sans que l'on pût le saisir nulle part. Il ne quitta guère Paris, si ce n'est pour aller à Saint-Maur, au château des Guise, où il est reçu comme autrefois à Ligugé ; peut-être encore va-t-il de temps temps à Meudon.

Ses dernières années sont incertaines ; une demi-obscurité les enveloppe. C'est le silence voisin de l'oubli autour de celui dont la vie avait fait tant de bruit.

Quand on embrasse d'un regard cette existence si diverse, on comprend cette parole d'un médecin poitevin qui vivait vers la fin du seizième siècle, Pierre Boulanger: « Il (Rabelais) sera une énigme pour la postérité. »

Les faiseurs d'anecdotes n'ont pas manqué d'exploiter le mystère qui enveloppe les derniers moments de Rabelais. Ils lui ont, le plus souvent, attribué des propos ineptes, indignes de ce grand homme d'esprit et incompatibles avec le caractère de ce maître du rire.

De toutes ces anecdotes une seule mérite d'être retenue, dont le ton, mélange de sagesse et de folie, rappelle la manière de Maître François.

On raconte que Rabelais étant malade, le cardinal Jean du Bellay, ou bien le cardinal de Châtillon, lui aurait envoyé un page pour savoir de ses nouvelles : « Dis à Monseigneur, aurait-il répondu, l'état où tu me vois ; je m'en vais chercher un grand peut-être ; il est au nid de la pie, qu'il s'y tienne ; et pour toi, tu ne seras jamais qu'un fol. »

Il serait aussi difficile de dire la date précise de la mort de Rabelais que celle de sa naissance. L'opinion la plus généralement admise est qu'il mourut à Paris, rue des Jardins, sur la paroisse de Saint-Paul, et qu'il fut enterré dans le cimetière de cette paroisse. Suivant quelques-uns le docteur Ledouble de Tours en particulier, qui a fait un travail des plus intéressants sur cette question, le lieu de sépulture de Rabelais aurait été la nef même de l'Église Saint-Paul.

CHAPITRE II

L'ÉCRIVAIN

LA LANGUE. — LE STYLE.

Le style, c'est l'homme. Jamais parole ne fut plus justifiée qu'ici. Je ne connais point, en effet, d'écrivain plus sincère que Rabelais, et qui se soit mis plus franchement dans son œuvre et entièrement. Et quelle richesse de langage ! quelle abondance d'expressions pittoresques et adéquates ! Quelle magnificence tour à tour et quelle simplicité dans la façon de dire sa pensée ! Quelle harmonie ! un rythme enchanteur, sonore et doux ; dans les détails, une précision incomparable : de la finesse, du trait, de la clarté ; dans les images une vérité, ensemble un art que les maîtres n'ont jamais dépassé, et par-dessus tout une verve endiablée, avec un à-propos, et cette *sobresse*, cette robustesse qui sont l'apanage des écrivains de génie.

Comme je m'extasiais sur l'opulence du vocabulaire de Victor Hugo, le poète prit sur la table un volume de Rabelais et me le mettant dans la main, me dit avec cette simplicité touchante qui n'allait pas chez lui sans quelque majesté : « Mon maître ! »

La langue de Rabelais est si opulente et son vocabulaire si vaste que, pour les connaître, la vie d'un homme ne suffirait pas ; il y faudrait au préalable une étude approfondie de l'antiquité classique, du moyen âge, en même temps que des idiomes nationaux si riches en locutions originales, et divers.

C'était le temps où la langue française en voie de formation, ou plus exactement de rénovation, se prêtait à toutes les formes ; tel un métal en fusion que recevraient en des moules variés des orfèvres de génie.

De tous ces artistes, Rabelais fut incontestablement le plus hardi, en même temps le plus heureux. Comme ces vignerons qui, pour faire bonne vinée, jettent pêle-mêle dans la cuve les grappes rouges, noires, roses, violettes, couleur d'ambre et d'or bruni, l'auteur du *Gargantua* et du *Pantagruel* prend hardiment aux langues anciennes, aux idiomes étrangers, au patois de sa Touraine leurs locutions les plus inattendues, leurs tournures les plus étranges, des formes quelconques, pourvu qu'elles soient capables de contenir sa pensée, et avec tous ces éléments étrangers et disparates il arrive à composer une langue à lui, qui, par je ne sais quelle magie, s'impose, étonne, attire, commande l'admiration ; au demeurant, le plus magnifique français qui soit.

Le glossaire de Rabelais, à lui seul, ferait l'objet d'une étude longue, curieuse et combien intéressante !

Si l'on écarte les passages où le Maître, cédant au mauvais goût du jour, moins par conviction que par passe-temps joyeux, imite cet écolier limousin qui « escorchait le latin cuidant pindariser », et rapetasse quelque vieille ferraille latine, il faut voir comme il parle le « langage françois » et avec quelle perfection ; sa langue naturelle et maternelle, car il était né et avait été nourri « ès jardin de France, c'est Touraine ».

Mais, là encore, que de mots charmants, marqués au coin de sa fantaisie, et que pour rien au monde nous ne voudrions rayer de son vocabulaire : les poissons *scatophages*, les bons et béats pères *concilipètes*, l'âne *sycophage*, et tant d'autres de la même facture.

Ce qui donne à la lecture de Rabelais une
saveur particulière, c'est l'abondance des termes
empruntés au vieux fonds national, aux patois
locaux, dont il a émaillé son discours : expressions naïves, pittoresques, plastiques, dont quelques-unes ont survécu et se disent encore
aujourd'hui dans le Poitou, jouxte la Loire,
voire en pays normand.

Pour ma part, j'ai retrouvé, dans les îles de la
Manche, bon nombre de mots fréquents chez
Rabelais : *voire*, que l'on prononce *vaire* en signe
d'affirmation ; *bouter*, pour donner : *devanté* ou
devanteau, tablier ; *brayes*, pantalons ; *crôler*,
secouer : on crôle un arbre pour en faire tomber
le fruit ; je *soulais*, j'avais l'habitude : *hue*, la
porte, l'huis dont on fait huis clos ; *parlement*,
le départ : *parlement*, la langue et par extension
le langage, puis un endroit où l'on parle ; *portement*, l'état de la santé. Malicorne, écuyer de
Gargantua, fut envoyé par lui pour entendre
l'état et *portement* de son fils Pantagruel. Le
mot *paraisse*, paroisse, se dit à Jersey ; *duire*
signifie ce qui convient et par extension l'action
de dresser : un cheval est bien *duit* lorsqu'il
obéit bien au commandement. Après la victoire
remportée sur l'armée de Picrochole, Gargantua, voulant récompenser ceux de ses domesti-

ques qui l'avaient le mieux servi, offrit à frère Jean l'abbaye de Seuillé. Le moine l'ayant refusée, il lui proposa celle de Saint-Florent, *laquelle mieux lui duirait*.

Les expressions *quant et lui*, avec lui, et *à tout*, avec, fréquentes chez Rabelais, plus encore chez Montaigne, se disent couramment à Jersey et à Guernesey.

Mais c'est encore dans le Saumurois et dans le Chinonais que s'est le mieux conservée la langue de Rabelais.

C'est d'ailleurs une chose curieuse, combien l'esprit du peuple de Chinon rappelle celui des héros de Rabelais : une même saveur de terroir, des expressions qui sont manifestement de la même famille, des propos de beuverie que n'aurait pas désavoués frère Jean.

C'est ainsi que l'on rencontre à Chinon des gens qui vous disent le plus innocemment du monde et sans avoir l'air de soupçonner l'énormité de la vantardise : « Moi, je tiens 10 litres. — Et moi, réplique le voisin, j'en tiens 20. »

A ce propos, l'on raconte une histoire bien joyeuse à laquelle il ne manque que d'avoir été dite par Panurge.

Au temps où l'on fit la grande vinée, un honnête villageois s'en venait à la ville un beau ma-

tin, pimpant et guilleret, le bonnet sur l'oreille
gauche, avec, dans son haquet, bien enruban-
née et fleurie, une superbe dame-jeanne toute
pleine de vin pineau, clissée *artificiellement*,
majestueuse à tout son ventre large et rebondi,
son goulot provoquant, glougloutant, odorant,
frais, savoureux, de la contenance de 20 litres
environ. A la barrière, le gabelou, — ainsi nommait-on le préposé à l'octroi, — le nez au vent, s'ap-
procha courtoisement de l'homme et lui demanda,
sans trop insister d'abord pour le grand respect
que lui inspirait cette belle dame-jeanne fleu-
rant le pressoir et le vin breton, de vouloir bien
acquitter les droits requis en pareille rencontre.
Mais notre vigneron n'entendait pas de cette
oreille : enlevant son bidet d'un vigoureux coup
de fouet, il allait passer outre, lorsque le gabelou,
entrevoyant la possibilité d'une contravention
qui l'établirait, ne fût-ce qu'un instant, gardien
et protecteur de l'amphore tant convoitée, se
hâta de fermer les portes. Cependant, notre vigneron, prenant en ses mains l'énorme dame-jeanne
et l'élevant à la hauteur de sa bouche, aussi aisément qu'il eût fait d'un simple flacon en la Cave
Peinte de Chinon, en huma le contenu d'une
seule lampée ; puis, se tournant vers le repré-
sentant de l'autorité ahuri, bouche bée et la bave

au menton : « Ohé, l'homme, l'as-tu vu le piot,
l'as-tu vu ? Je l'entrerai bien tout de même et
sans payer », et lui tendant l'amphore vide, il se
frappait le ventre comme il eût fait d'un tambour
de noce.

Un ami, Armand Rivière, de Tours, rabelaisien de marque, que la male mort nous a trop
tôt ravi, avait fait un recueil des expressions
dont se sert Rabelais, communément employées
aujourd'hui par les paysans de Saumur et de Chinon. En voici quelques-unes.

A Chinon, l'on dit *guementer* pour s'informer ;
on va au *guement*, pour aller aux renseignements.
Picrochole, vaincu et réduit à l'état de pauvre
gagne-denier à Lyon, se *guementait* de la venue
des coquecigrues.

Coquecigrues, encore un mot du Chinonais, qui
signifie non point, comme on l'a prétendu, des
animaux fantastiques, mais des fruits imaginaires
et fabuleux.

Sur les bords de la Vienne, la *buée* c'est la
lessive ; les paysans disent un *penier*, la *clairté*,
il *déclaire*, une *sarpe*, se *nayer*, des *froncles*,
s'*éssuer*, un *trançon*, *ponus*, *coissin*, pour panier
clarté, il déclare, une serpe, se noyer, des
furoncles, s'essuyer, un tronçon, pondu, coussin.
Dégouziller, avaler, *becher*, donner la becquée

sont en usage dans les environs de Saumur et dans les îles de la Manche. *Noyer groslier* est d'un emploi fréquent. On *crôle* le noyer *groslier* pour avoir des noix *groslières* ; dont Carpalin utilisa les coquilles pour faire « ung beau, petit, joyeulx et harmonieux moulinet ».

On dit. sur les bords de la Loire : *allumelle*, pour la lame d'un petit couteau de poche ; *subler* et *sublet*, pour siffler et sifflet ; les *oinces*, pour les articulations des doigts.

Les mariniers de la Vienne emploient le mot *houssée* pour dire une ondée subite ; — une *hachie*, dans les îles normandes — et *peautre*, pour gouvernail. « Fuyons, dit Panurge dans la tempête, tourne visage, vire le peautre. » On vire le peautre en *galerne*, c'est-à-dire vers le nord-ouest. Le *tribard* est encore un bâton que l'on suspend au cou des vaches, pour les empêcher de vagabonder.

Tribarder, beluter, bercer sur ses genoux. *cobbir*, contusionner ; *gripper, agripper*, saisir, sont en usage aux environs de Chinon, en même temps qu'à Jersey.

Il n'est pas jusqu'aux jeux de Gargantua, la *brandelle*, la balançoire, *cline-muselle*, la *culle*, cache-cache, *pel-en-gueule*, qui n'éjouissent encore aujourd'hui les petits enfants des bords de la Vienne.

Rabelais est sans contredit le plus grand fabricateur de mots qui oncques fut. Les néologismes fourmillent sous sa plume ; c'est par centaines qu'on les rencontre. Beaucoup ont disparu, mais combien sont restés que nous ne saurions par quoi remplacer s'ils n'existaient pas.

« Si l'on réfléchit, dit Paul Stapfer, que, pour enrichir de vingt mots notre idiome, Rabelais devait peut-être en risquer deux cent, on saura gré à ce grand semeur de la prodigalité folle, avec laquelle il a lancé à travers le champ profondément labouré du langage français en révolution, des poignées de barbarismes. »

Se doute-t-on que les mots crépuscule et patriotisme, si français et d'un usage aujourd'hui banal, étaient des nouveautés du temps de Rabelais. Et combien d'autres qui pour être d'un emploi moins ordinaire, n'en sont ni moins pittoresques ni moins expressifs : *emberlucoquer*, par exemple ; *grabeau*, ce dernier employé journellement par les écoliers de la Suisse française pour dire un débat embrouillé, en particulier les examens que subissent les étudiants en fin d'année pour obtenir le diplôme.

Comme il répugnait à Panurge de conférer avec la sibylle de Panzoust, par respect pour je ne sais quel texte de la loi de Moïse, Pantagruel lui dit : « Remettons à votre retour le *grabeau* et belutement de ces matières. »

De grabeau. Rabelais a fait *malagraboliser*, dont on se sert encore aujourd'hui, surtout au passif, pour se donner beaucoup de peine et se tracasser pour néant.

Le vocabulaire gastronomique de Rabelais est d'une richesse incomparable. Nos écoliers le savent bien. qui parlent couramment de *bauffrer*, *briber*, *bouffer*. Quelques expressions ont disparu que l'on regrette. originales, plastiques : *ricasser*, qui vaut mieux que ricaner, *courbassé*. *roupieux*.

La sibylle de Panzoust était courbassée, roupieuse, langoureuse. *Langoureuse*, encore un mot charmant, qui avait chez Rabelais une signification morale autant que physique, et que la sévérité de notre dictionnaire a appauvri. Un autre mot. exquis celui-là, que nous avons perdu, c'est le mot de *sobresse*, qualité surtout de tempérance, de sagesse pratique et d'équilibre. Sobresse ! Et comme nous sommes loin de sobriété ! Et puis c'est moins un état qu'une action, et une action qui se continue, habituelle. comme, le fait sentir la syllabe finale *esse*. dont le son, ainsi que les vibrations d'une corde sonore, persiste encore quand la parole est déjà loin. Pour

Rabelais, il n'est rien qu'il ne puisse exprimer ; si le mot lui manque, il le crée ; à défaut du langage articulé, les sons lui restent : ils lui suffisent, et il en joue avec une telle maîtrise que du cliquetis des voix se dégagent des impressions profondes, une façon de rire intellectuel. Veut-il décrire la course infernale des diables déchaînés à la poursuite de la jument de Tapecoue, il a recours, faute de mots, à des bruits fantastiques : « Hho, hho, hho, brrrourrrs, rrrourrs, rrrourrrs. Hou, hou, hho, hho, hho ». Et l'on aperçoit les diables courants, gambadants, hurlants et la poutre (la jument) « au trot, à bonds et au galop, à ruades, fressurades, doubles pédales et pétarrades ».

Ailleurs, d'un mot il en fait trois, de manière à exprimer plusieurs choses avec un seul vocable. Il lui suffit d'en changer la terminaison. Cet artifice est d'un effet merveilleux.

Dans la scène si joyeusement comique où le seigneur de Basché et ses gens « festoyarent » Chicanous à grands coups de gantelets, si bien que le pauvre records tout « estourdi et meurtri, un œil poché au beurre noir, huit costes fracassées, le bréché enfoudré, les omoplates en quatre quartiers, la mâchoire inférieure en trois loppins, si qu'il estoit dit embreviaté de mâchoire ». L'écuyer chargé de contrefaire le bon seigneur de la Roche-Posay, s'adressant à Chicanous lui dit : « Estes-vous des frappins, des frappeurs ou des frappards » ?

Il est manifeste que, par ces terminaisons, Rabelais a voulu marquer trois degrés et un crescendo dans la « frapperie ». Si la syllabe *in*, un peu sourde, convient au moment où la plaisanterie macabre imaginée par Basché n'était qu'un jeu, la terminaison *ard*, plus sonore, aiguë, criarde, marque le maximum d'intensité des coups distribués par Basché et ses gens.

On a quelquefois reproché à Rabelais certaines redondances, voulues, en certains endroits cherchées, qui donnent à son discours, d'ordinaire alerte et court troussé, une certaine lourdeur, kyrielle de termes équivalents, synonymes, à tout le moins voisins, avec des terminaisons semblables qui, par leur bourdonnement monocorde et continu lassent l'attention, comme par exemple cette liste de 108 épithètes au nom de Triboulet. Le reproche est mérité, j'en conviens. Cependant, il est des cas, où, grâce à cette accumulation de mots semblables et la répétition à l'infini de la même syllabe finale, Rabelais arrive à peindre des situations qu'il serait difficile de faire comprendre autrement : ce sont

tableaux symboliques pour l'oreille autant que
pour les yeux.

Philippe de Macédoine ayant entrepris d'as-
siéger Corinthe, les Corinthiens furent en grand
émoi; il n'y eut personne valide par la ville,
jeune ou vieux, tant les femmes que les hommes,
qui, s'étant déporté de la tranquillité coutumière,
n'entrât en agitation extrême pour soi remparer
et mettre en sûreté contre l'hostile venue du
conquérant macédonien. La confusion et le
désordre furent si grands et sans profit pour la
défense, que Diogène crut devoir donner une
leçon à ce peuple léger et frivole et la leçon fut
telle.

« Diogène contempla par quelques jours leur
contenance sans mot dire; puis comme excité
d'esprit martial, ceignit son palle en écharpe,
recourça ses manches ès coubtes, se troussa en
cueilleur de pommes, bailla à un sien compagnon vieux ses livres et opistographes, feit hors
la ville, tirant vers la Cranie, qui est une colline
et promontoire lès Corinthe, une belle espla-
nade; y roula le tonneau fictile qui pour maison
lui était contre les injures du ciel et en grande vé-
hémence d'esprit déployant ses bras le tournoit,
viroit, brouilloit, bersoit, versoit, renversoit,
tapoit, timpoit, estoupoit, destoupoit, détra-

quoit, triquotoit, tripotoit, chapotoit, crouloit, eslanceoit, branloit, esbranloit, levoit, lavoit, clavoit, entravoit, braquoit, briquoit, bloquoit, tracassoit, ramassoit, cabossoit, affustoit, charmoit, armoit, guizarmoit, enharnachoit, caparassonnoit, le dévaloit de mont en val, le précipitoit vers la Cranie; puis de val en mont le rapportoit comme Sisyphe fait sa pierre : tant que peu s'en fallut qu'il ne le défonceat (1). »

Après cela, l'on conviendra que le défaut, reproché par quelques-uns à Rabelais, peut bien en certain cas être une qualité. Ces verbes qui se hâtent, se précipitent, s'amoncellent amenant invariablement la même désinence, comme le bourdon du tocsin, peignent mieux que ne saurait le faire la description académique la plus savante, l'agitation des Corinthiens, la foule empressée, inquiète, courant aux nouvelles, les bruits de la rue en l'affolement universel en même temps que l'inanité des efforts tentés, faute de méthode et de but bien défini : « Le dévaloit de mont en val, puis de val en mont, le rapportoit tant que peu s'en fallût qu'il ne le défonceat. » Le mot de la fin n'est-il pas charmant ! Quelle ironie ! Pouvait-on mieux dire,

(1) Prologue du livre III.

pour faire la critique de la politique des Corinthiens. Aussi bien le sage Diogène n'agissait-il
ainsi que pour n'être pas vu « seul cessateur et
ocieux ».

D'ailleurs, combien de tableaux charmants ne
devons-nous pas à ce prétendu défaut du Maître,
fins et délicats, dont aucun des mille détails
n'est inutile ni superflu.

Pantagruel ayant abordé en l'île des Papimanes, Homenaz ainsi nommait-on l'évêque du
lieu — lui offrit un banquet, dont la louange des
décrétales ne devait pas faire tous les frais.

Au cours du repas, Panurge nota deux choses :
« l'une que viande ne fust apportée en laquelle
n'y eut abondance de farce magistrale; l'autre
que tout le sert et le dessert fut porté par les
filles pucelles mariables du lieu, belles je vous
affie, saffrettes, blondelettes, doucettes, et de
bonne grâce; lesquelles vestues de longues,
blanches et déliées aulbes à double ceinture, le
chef ouvert, les cheveux instrophiés de petites
bandelettes et rubans de saye violette, semés de
roses, œillets, marjolaine, anett, aurande et aultres fleurs odorantes, à chacune cadence nous
exortaient à boire avec doctes révérences (1). »

(1) Liv. IV, chap. LI.

Enfin, je m'en voudrais de passer outre, sans rappeler la jolie fable et croustillante du lion, du renard et de la vieille, contée par Panurge, où la répétition du mot mouche et de ses composés produit l'effet le plus inattendu et folâtre.

« Au temps que les bestes parloient (il n'y a pas trois jours) un pauvre lyon, par la forest de Bièvre se promenant, et disant ses menus suffrages, passa par dessous un arbre, auquel estoit monté un vilain charbonnier pour abatre du bois. Lequel, voyant le lyon, luy jetta sa cognée, et le blessa énormément en une cuisse. Dont le lyon cloppant, tant courut et tracassa par la forest, pour trouver aide, qu'il rencontra un charpentier lequel volontiers regarda sa playe, la nettoya le mieulx qu'il peust, et l'emplit de mousse, lui disant qu'il esmouchat bien sa playe, que les mouches n'y fissent ordure (2). »

A quelque temps de là, notre lion ayant rencontré dans la forêt une pauvre vieille navrée et affligée d'une blessure identique à la sienne, lui semblait-il, se mit en devoir de la secourir. En cet instant, un renard venant à passer par aventure, le lion le requit de lui prêter aide.

« Tu as bonne queue et longue : esmouche,

(1) Liv. II, chap. xv.

mon ami, esmouche, je t'en supplie, et ce pendant je vais quérir de la mousse pour y mettre. Car ainsi nous faut-il secourir et aider l'un l'aultre; Dieu le commande. Esmouche fort, ainsi, mon ami, esmouche bien car ceste playe veut estre esmouschée souvent, aultrement la personne ne peut estre à son aise. Or esmouche bien, mon petit compère, esmouche; Dieu t'a pourveu de queue, tu l'as grande et grosse à l'advenant, esmouche fort, et ne t'ennuye point. Un bon esmoucheteur qui, en esmouchettant continuellement, esmouche de son mouschet, par mousches jamais esmouché ne sera. Esmouche, couillaud, mon petit bedeau, je n'arresteray guères. »

« Puis va chercher force mousse, et quand il fut quelque peu loing, il s'escria, parlant au renard : « Esmouche bien toujours, compère, es« mouche, et ne te fasche jamais de bien esmou« cher; par Dieu, mon petit compère, je te ferai « estre à gaiges esmoucheteur de Don Pietro de « Castille. Esmouche seulement et rien de « plus (1). »

On a reproché à Rabelais son goût pour les inversions; d'où résulterait dans le discours une

____

(1) Liv. II, chap. xv.

certaine obscurité. Le reproche est pour le moins
exagéré. Lorsque Rabelais réserve le sujet pour
la fin de la phrase, et fait avancer tout d'abord
le verbe accompagné de tous les éléments qui le
complètent, il n'a pas tort autant que l'on veut
bien le dire. Qu'est-ce qui nous intéresse le plus
dans un discours ? N'est-ce pas l'action avec
tout ce qui la précise et la définit. Quant au
sujet, il nous est la plupart du temps indifférent,
qu'il s'appelle Pierre ou Paul. Ce que nous
tenons surtout à savoir, ce n'est pas qui il est,
mais bien ce qu'il a fait. Et puis, ne sont-elles
pas charmantes ces inversions, et combien plus
gracieuses que nos constructions en habit noir !

« Sortirent au-devant de lui, tous les habitants de la ville en bon ordre. — Après boire, pri-
rent chemin Gargantua, son précepteur Ponocrate et ses gens. — Merveille donc n'est si trouvant le ruffian à la promotion du Taulpetier, sa
fille subornant et hors sa maison ravissant, les
peut, les doit à mort ignomineusement mettre et
le corps jeter en direption des bêtes brutes. »

Ailleurs se rencontre-t-il deux adjectifs pour
le même substantif, Rabelais évite de les réunir
soit avant, soit après le nom qu'ils qualifient;
bien plutôt il les sépare, un devant, l'autre
derrière. De cette façon, des qualités d'ordres

divers ne risquent pas de se superposer, jetant
ainsi une certaine confusion dans les images
perçues et, par suite, dans les idées.

« Tu as bonne queue et longue. — Au reste
bon compagnon et raillard si oncques fust. »

Le style de Rabelais n'est pas moins remarquable que son vocabulaire. Je n'en sais pas de
plus divers, malléable et qui s'adapte mieux à
l'idée.

Parfois la phrase roule, puissante, sonore,
irrésistible, encombrée d'incidentes, pêle-mêle
en un magnifique désordre ; bientôt, par degrés,
ce fouillis s'éclaire de lueurs singulières ; puis
vient le mot de la fin, qui éclate comme un artifice, jetant sur tout cet ensemble, un peu confus
et obscur tout d'abord, une lumière qui en met
en relief toutes les parties.

Que de passages l'on pourrait citer, où la verve
de Rabelais éclate en fanfare : tout le prologue
du livre quatre ; dans ce même quart livre, le
chapitre LIII : *Comment par la vertu des décrétales est l'or subtilement tiré de France en Rome.*

« Voulez-vous en temps de paix trouver
homme apte et suffisant à bien gouverner l'estat
d'une république, d'un royaulme, d'un empire,
d'une monarchie, entretenir l'écclise, la noblesse,
le sénat et le peuple en richesse, amitié, con-

corde, obéissance. vertu, honnesteté ? Prenez-
moi un décrétaliste... Mais qu'est-ce en conscience qui a establi, confirmé, autorisé ces
belles religions. desquelles en tous endroicts
voyez la christianté ornée. décorée, illustrée.
comme le firmament de ses claires estoiles ?
Dives décrétales. Qui ha fondé, pilotizé, talué ;
qui maintient, qui subtante, qui nourrit les
dévots religieux par les couvents, les monastères et abbayes, sans les prières diurnes, nocturnes continuelles desquels serait le monde en
danger évident de retourner en son antique
chaos ? Sacres décrétales. Qui fait et journellement augmente en abondance de tous biens
temporels, corporels et spirituels le fameux et
célèbre patrimoine de Saint-Pierre ? Sainctes
décrétales. Qui fait le Saint Siège apostolique
en Rome de tout temps et aujourd'hui tant
redoutable en l'univers, qu'il faut ribon ribaine
que tous rois, empereurs. potentats et seigneurs pendent de lui, tiennent de lui, par
lui sont couronnés. confirmés. autorisés, viennent là bouquer et se prosterner à la mirifique
pantaphle de laquelle avez vu le pourtraicts ?
Belles décrétales de Dieu 1. »

1. Liv. IV. chap. LIII.

On comprend maintenant la grande admiration de Victor Hugo et sa sympathie pour Rabelais. Il existe, en effet, entre ces deux grands esprits des ressemblances de famille nombreuses, une sorte de synonymie intellectuelle et morale, qui n'exclut pas, bien entendu, les différences qui tiennent à l'époque, au milieu dans lequel ils ont vécu, à l'éducation, à des états particuliers de l'âme, à une mentalité qui leur est propre. Rabelais est incontestablement plus humain, Victor Hugo plus personnel. Le poète de *la Légende des siècles* est plus idéal : l'auteur de *Gargantua* plus réel, plus vivant, plus sincère. Victor Hugo est moins universel ; homme du dix-neuvième siècle, il en a les enthousiasmes et les défaillances. Rabelais, c'est la Renaissance faite homme, c'est l'esprit français dans ce qu'il a de plus intime et de plus durable. Victor Hugo, avec une autorité sans précédents, a rendu à la langue française une foule d'expressions disqualifiées par les grammairiens du dix-septième siècle. Rabelais, lui, a créé une langue la plus imagée qui soit, riche et colorée selon les moindres nuances des sentiments et des pensées qu'elle est appelée à exprimer. Mais, d'autre part que de traits de ressemblance entre Victor Hugo et Rabelais, leur vocabulaire, leur syntaxe, leur style, leur manière, une façon à eux de voir et de comprendre les choses et leurs relations, l'abondance des détails, la précision poussée jusqu'à la minutie, l'amour des contrastes, la perception immédiate de l'inattendu, toutes qualités qu'on ne rencontre au même degré chez aucun autre de nos écrivains. Les héros de Victor Hugo et les géants de Rabelais sont de la même famille. L'énorme est leur règle.

Dans *la Fin de Satan*, Nemrod ne fait pas autrement que Pantagruel. Avant de s'embarquer dans la cage qui doit le mener à l'assaut du ciel, emportée par quatre aigles géants, l'homme énorme charge dans ce char étrange 100 pains de maïs et 100 outres de vin. Pantagruel, marchant à la rencontre de Loupgarou, attache à sa ceinture une barque pleine de sel et prend avec lui dans la hune du mât, qui lui sert de bâton, 237 poinçons de vin blanc d'Anjou.

Dans *les Burgraves*, Barberousse, endormi depuis vingt années dans la grotte du Malpas, et dont la barbe fait trois fois le tour de la table de pierre, n'est pas plus extraordinaire que Gargantua qui, de sa langue, couvre toute une armée.

Roland, Éviradmus ont une taille peu com-

mune, comme les géants de Rabelais. Ce qui
n'empêche que ces colosses soient bien vivants,
bien humains. Ils se meuvent avec une telle
aisance au milieu des faits et gestes de la vie
bourgeoise, que personne n'a l'air de s'apercevoir qu'ils sont immenses. Séduit par leur commerce facile, par l'à-propos de leurs discours,
on oublie bien vite leur taille paradoxale et
l'excentricité de leurs allures. La légende et la
réalité coïncident, les deux mondes se juxtaposent, et si exactement que l'on en prend son parti.
comme d'une chose ordinaire et toute naturelle.

Le duel d'Olivier et de Roland, dans *la Légende des Siècles*, réédite le combat de Pantagruel et de Loupgarou.

« Quoi voyant, Pantagruel galantement, ses
bras dépliés et comme est l'art de la hache, lui
donna du gros bout de son mât en estoc au-dessus de la mamelle, et retirant le coup à
gauche en taillade lui frappa entre col et collet (1). »

Seuls dans une île du Rhône, sire Olivier et le
neveu de Charlemagne luttent corps à corps,
pied contre pied ; l'acier mord le fer, de longs
filets de sang coulent sur le visage des com-

(1) Liv. II, chap. XXIX.

battants : la lutte est âpre. Mais voici que
Durandal se brise dans la main de Roland. Olivier, qui vient d'avoir même aventure, propose
à son adversaire d'envoyer chercher une autre
épée à Vienne.

> . . . . Roland sourit. « Il me suffit
> De ce bâton. » Il dit et déracine un chêne.
> Sire Olivier arrache un orme dans la plaine
> Et jette son épée. . . . .
> Plus d'épée en leur main, plus de casque en leur tête,
> Ils luttent maintenant, sourds, effarés, béants.
> A grands coups de troncs d'arbre, ainsi que des géants.

Ailleurs, Pantagruel à tout son mât de navire
ayant rué par terre Loupgarou, comme porc, est
assailli par les géants qui le serrent de près ;
sans arme, car son mât s'est brisé dans sa main,
il a recours à un procédé dont Victor Hugo s'est
souvenu dans *Éviradmus*.

« Lorsque approcher les vit, Pantagruel prit
Loupgarou par les deux pieds, et son corps leva
comme une pique en l'air, et, d'iceluy armé abatoit comme un masson fait de couppeaux, et, à
voir Pantagruel, sembloit un fauscheur qui, de
sa faulx c'estoit Loupgarou, abatoit l'herbe
d'un pré c'estoient les géans, (1). »

1, Liv. IV, chap. xxix.

Dans *la Légende des siècles*, Éviradmus n'agit pas autrement. Attaqué par deux adversaires, il a bientôt fait de se débarrasser de Ladislas. Mais il reste Sigismond bien armé d'une grande et forte épée, d'autant plus redoutable qu'Éviradmus est sans arme :

> ... Tout à coup, sur Ladislas gisant
> Son œil tombe, il sourit, terrible, et se baissant,
> De l'air d'un lion pris qui trouve son issue :
> « Hé ! dit-il, je n'ai pas besoin d'autre massue ! »
> Et prenant aux talons le cadavre du roi,
> Il marche à l'empereur qui chancelle d'effroi ;
> Il brandit le roi mort comme une arme, il en joue ;
> Il tient dans ses deux mains les deux pieds, il secoue
> Au-dessus de sa tête, en murmurant : « Tout beau, »
> Cette espèce de fronde horrible du tombeau,
> Dont le corps est la corde, et la tête la pierre.

Dans un autre endroit de *la Légende des siècles*, c'est encore Roland qui travaille à la façon de frère Jean des Entommeurs.

Frère Jean, séparé du gros de l'armée, seul, tient tête aux gens de Picrochole. « Voyant que toute leur pensée n'estoit sinon à gaigner au pied, descend de son cheval, et monte sur une grosse roche qui estoit sur le chemin, et avec son grand braquemart frappoit sur ces fuyards à grands tours de bras, sans se feindre ny espar-

gner. Tant en tua et mit en terre que son braquemart rompit en deux pièces. Adonc pensa en
soi-même que c'estoit assez massacré et tué, et
que le reste devoit eschapper pour en porter les
nouvelles 1 . »

Dans *la Légende des siècles*, Roland, seul
comme frère Jean contre les dix enfants d'Astu-
rie et leurs gens, monte, lui aussi, sur un rocher
et de là provoque et met en fuite ses adversaires.

> Roland monte au rocher qui barre le chemin.
>
> . . . .
>
> Durandal à tuer ces coquins s'ébréchant,
> Avait jonché de morts la terre et fait ce champ
> Plus vermeil qu'un nuage où le soleil se couche ;
> Elle s'était rompue en ce labeur farouche ;
> Ce qui n'empêchait pas Roland de s'avancer ;
> Les bandits, le croyant prêt à recommencer,
> Tremblants comme les bœufs qu'on ramène à l'étable,
> Reculaient, lui montrant de loin leur coutelas ;
> Et peu à peu Roland, sanglant, terrible et las,
> Les chassait devant lui parmi les fondrières,
> Et, n'ayant plus d'épée, il leur jetait des pierres.

Mais voici où l'imitation est plus évidente
encore. Quand je dis imitation, j'ai tort. Victor

____
1) Liv. I. chap. XLIV.

Hugo n'imite personne ; aussi bien n'en avait-il pas besoin. Homme de grandes lectures, il prend son bien où il le trouve, et se souvient tout simplement.

Couillatris ayant perdu sa cognée, de laquelle dépendait son bien et sa vie, s'adresse à Jupiter par oraisons moult disertes :

« Ma cognée, Jupiter, ma cognée ; rien plus, ô Jupiter, que ma cognée. » Pour lors le maître des dieux tenait conseil en plein consistoire sur certaines affaires urgentes. Cependant, Priape, debout au coin de la cheminée, tenait des propos passablement érotiques sur différentes sortes de cognées.

« Ores seroit à sçavoir quelle espèce de coingnée demande ce criard Couillatris. A ces mots tous les vénérables dieulx et déesses s'éclatarent de rire, comme un microcosme de mouches. Vulcan, avec sa jambe torte, en fit, pour l'amour de s'amie, trois ou quatre beaux petits saultz en plate forme (1). »

Voilà le récit de Rabelais. Voici maintenant comment Victor Hugo narre la chose. Il s'agit du satyre, une façon de Couillatris, que Mercure, le tenant par l'oreille, amène devant Jupi-

____

(1) Prologue du livre IV.

ter en plein Olympe. A la vue de ce monstre,
hérissé, noir, hideux, les dieux et les déesses
« s'esclatarent de rire », suivant l'expression de
Rabelais. Jupiter le premier rit. l'orageux Neptune se dérida.

Les déesses riaient toutes comme des femmes.
Le Faune haletant parmi ces grandes dames.
Cornu, boiteux, difforme, alla droit à Vénus ;
L'homme-chèvre ébloui regarda ses pieds nus
Alors on se pâma. Mars embrassa Minerve,
Mercure prit la taille à Bellone avec verve.

. . . .

. . . .

Les immortels penchés parlaient aux immortelles ;
Vulcain dansait, Pluton disait des choses telles
Que Momus en était presque déconcerté.

Les rapprochements sont nombreux et intéressants que l'on pourrait faire entre Victor Hugo
et Rabelais. Ainsi, le grand lion de Daniel, dans
la Légende, rappelle singulièrement Gargantua
assiégeant le château de Vède.

« Alors, dit Rabelais, choqua de son grand
arbre contre le château et à grands coups, aba-
tit et tours et forteresse et ruina tout par
terre. »

De même le lion des plages de la mer, trou-
blé dans ses méditations solitaires par le bruit

importun que faisait la ville de Gur, s'était un
jour approché, avait franchi d'un bond le fossé
et

> ... Broyé, furieux, entre ses dents barbares
> La porte de la ville avec ses triples barres.
>
> . . . .
>
> Et quand il s'en était retourné vers la grève,
> De la ville et du peuple il ne restait qu'un rêve,
> Et, pour loger le tigre et nicher les vautours,
> Quelques larves de murs sous des spectres de tours.

Ces ressemblances, d'ailleurs, n'ont rien qui
doive nous surprendre. S'il fut un mauvais ver-
sificateur, Rabelais est incontestablement le
plus grand poète de son siècle, et, à ce titre, peut
aller de pair avec Victor Hugo. Il l'est par l'invention, la beauté et la richesse des images,
par la justesse de l'expression, la vérité des
comparaisons, par le style le plus chaud, le plus
coloré qui soit dans notre langue. Il a parfois
des notes d'une douceur infinie, à rendre jaloux
nos poètes lyriques contemporains les plus en
renom, auxquels il manque le plus souvent ce
sentiment délicat de la mesure, cette vue simple
et respectueuse de la réalité, qui est assurément, de toutes les qualités esthétiques et morales de Rabelais, la plus personnelle et la plus
originale.

CHAPITRE III

L'ARTISTE

Portraits. — Paysages. — Tableaux de genre.

Grand écrivain, nous venons de le voir, poète
original, Rabelais est encore un artiste éminent.
Les tableaux abondent dans ses écrits, merveilleux par la pureté du trait, la richesse des
couleurs, la science de la composition : portraits,
paysages, croquis, tableaux de genre, qui, ras-
semblés, formeraient une galerie des plus inté-
ressantes. C'est un peu ce que je voudrais faire
ici ; mais ce n'est pas, je l'avoue, sans quelque hésitation, car la collection est riche et je
vais me trouver dans la nécessité de choisir et,
comme il est de l'essence de tout choix d'être
exclusif, d'écarter un certain nombre de toiles
qui mériteraient cependant d'être connues.

À ceux qui trouveraient mon exposition insuf-

fissale et incomplète, je tiens à dire que le musée
rabelaisien est public, ouvert à toute heure; ils
n'ont qu'à prendre le livre et à lire.

Si je commence cette revue par le portrait de
Panurge, ce n'est point que la galerie rabelaisienne n'en contienne pour le moins d'aussi
beaux, mais parce que Panurge est partout dans
le livre dont il est en quelque sorte l'âme. Et puis,
il faut bien le reconnaître, Rabelais l'a peint
avec un soin tout particulier, presque avec
amour, et comme s'il y avait un intérêt personnel. Qui sait, si en traçant l'image de « l'Incorri-
gible Vaurien », l'auteur du *Pantagruel* n'a pas
esquissé son propre portrait, aux vices près ; car,
suivant une heureuse expression de Michelet,
Rabelais ne fut grand buveur que par écrit,
et, en vers latins seulement, débauché. Ce qui
est certain, c'est que, au cours de son roman
satirique, lorsque Rabelais éprouve le besoin
d'exprimer son sentiment propre, de fournir un
enseignement, d'exposer une doctrine, c'est
Panurge qu'il prend pour interprète. C'est lui
que dans les circonstances solennelles il charge
de développer sa pensée.

Du reste, les traits de Panurge, toute sa personne, ses gestes, ses attitudes diverses répondent bien à ce que nous savons de Rabelais, de

son caractère. de sa manière d'être, à sa légende.

« Panurge était de stature moyenne, ni trop
grand. ni trop petit et avait le nez un peu aquilin fait à manche de rasoir. et pour lors estait
de l'âge de trente-cinq ans ou environ, fin à
dorer comme une dague de plomb, bien galant
homme de sa personne. sinon qu'il estoit
quelque peu paillard (1). »

Quel admirable portrait et combien ressem-
blant ! Il n'est pas jusqu'à l'âge du modèle qui
ne soit indiqué avec précision : ce qui me con-
firme dans l'opinion que j'exprimais tout à
l'heure, que Rabelais s'est peint lui-même dans
Panurge. La tonalité générale du tableau est sobre
comme il convient à un personnage de quelque
importance, le dessin est net, presque dur, signe
de résolution, les valeurs sont bien observées.
Ce qui apparaît d'abord, c'est l'ensemble du
personnage : « ni trop grand ni trop petit »,
presque banal. Mais voici le nez qui se dessine
en force sur ce fond neutre, « faict à manche de
rasoir ». Et tout de suite on devine le caractère
du sujet, hableur, roué, entreprenant, sensuel.

1 Liv. II, chap. XVI.

enfin quelque peu paillard. Ce dernier trait à peine indiqué en marge du portrait, comme une conséquence toute naturelle et vice de bonne compagnie, dont il n'y a pas à faire état soit pour la louange soit pour le blâme. D'ailleurs « beau de nature et élégant en tous linéaments du corps ».

Suit le portrait moral, car Rabelais n'était pas homme à dessiner des lignes pour le seul amour de la forme. Pour lui, chaque trait correspond à un état d'âme ou permanent ou passager. Et il faut voir avec quelle souplesse et précision il conclut, de la figure, gestes et attitudes du corps, à la mentalité du personnage.

« Panurge estoit subjet de nature à une maladie qu'on appeloit en ce temps là : Faulte d'argent c'est douleur non pareille. Toutes fois il avoit soixante trois manières d'en trouver toujours à son besoing dont la plus honorable et la plus commune estoit par façon de larrecin furtivement faict. »

Que cela est joli et finement exprimé ! *A son besoin* et *furtivement* fait, mots charmants qui découvrent tout ce qu'il y a de bonté particulière en la morale rabelaisienne: ni indulgence ni sévérité, bien plutôt sagesse pratique, d'où les erreurs morales apparaissent comme autant

d'accidents passagers, incapables de troubler
l'inaltérable sérénité de la nature bonne au demeurant, contrairement à ce qu'avait dit et enseigné le moyen âge. Panurge n'est pas un voleur
vulgaire, grossier et brutal ; il y met des formes
et tant d'esprit et de bonne grâce que l'on se
prend à sourire à ses friponneries. Guerre au
mal ! Grâce pour l'homme ! semble dire Rabelais.

« Mal faisant, pipeur, buveur, batteur de pavés,
ribleur s'il en était à Paris. »

Tel était Panurge, « au demeurant le meilleur
fils du monde ». N'empêche que ce « bon fils »
ne fut en perpétuelle révolte contre tous règlements de police, arrêtés et décrets propres à
enchaîner, à tout le moins à maintenir en de
justes limites les caprices d'une volonté sans
frein ni brides.

Aussi machinait-il toujours quelque chose
contre les sergents et contre le guet. Quant
aux pauvres maîtres ès-arts et théologiens, il
les persécutait par-dessus tous autres. Quand il
rencontrait quelqu'un d'entre eux par la rue,
jamais ne faillait de leur faire quelque mal et ne
s'en souciait mie.

Il rit de tous et de tout. Il portait avec lui
deux ou trois miroirs, « dont il faisait aucune
fois enrager les hommes et les femmes », et leur

faisait perdre contenance à l'église, car il disait qu'il n'y avait « qu'une antistrophe entre femme folle à la messe et femme molle à la fesse ».

Les clercs étaient l'objet préféré de ses railleries.

« Une fois à l'issue du Palais, à la grande salle, lorsqu'un cordelier disoit la messe de Messieurs, il lui aida à soi habiller et revestir mais en l'accoustrant lui cousit l'aube avec sa robe et chemise et puis se retira quand Messieurs de la cour vinrent s'assoir pour ouïr icelle messe. Mais quand fut à l'*Ite missa est*, que le pauvre frater voulut devestir son aulbe, il emporta ensemble et habit et chemise, qui estoient bien cousus ensembles, et se rebrassa jusqu'aux épaules. Et le frater toujours tiroit, mais tant plus se découvroit-il? Jusqu'à ce que un des Messieurs de la cour dit : « Et quoi, ce beau père « nous veut-il faire l'offrande et baiser son cul ; « le feu Saint Antoine le baise (1). »

C'est ainsi que Panurge avait multitude de tours et plaisants à sa dévotion « et petits goubelets dont il jouait très artificiellement, car il avoit les doigts faits à la main comme Minerve au Arachné ».

____

(1) Liv. II, chap. XVI.

Telles étaient la figure, mœurs et conditions de Panurge.

Je ne voudrais pourtant pas que l'on restât sur cette impression que l'ami du sage Pantagruel, « l'idée et l'exemplaire de toute joyeuse perfection », fût tout entier dans ces polissonneries. Ce serait là une profonde erreur. Quel homme était-ce donc que ce Panurge ? Ce qu'il est ? « Demandez plutôt ce qu'il n'est pas. Homme de toute étude, de tout art, de toutes langues, le véritable Pan-Ourgos, agent universel dans la science et dans les affaires, qui fut tout et fut propre à tout, qui contient le génie du siècle et le déborde à chaque instant. »

Après l'irrésistible vaurien, le moine. Le portrait est largement peint, en pied, grandeur nature ; c'est frère Jean tout entier, portraituré au physique et au moral, psychisme et somatisme réunis. tripes et cerveau, comme aurait dit maître François.

« En l'abbaye estoit pour lors un moine claustrier, nommé frère Jean des Entommeures, jeune, gallant, frisque, de hait, bien à dextre, hardy. adventureux, délibéré, hault, maigre, bien fendu de gueule, bien advantagé en nez, beau des pescheur d'heures, beau desbrideur de messes, beau descroteur de vigiles : pour tout dire sommaire-

ment, un vrai moine si onques en fut depuis que
le monde moinant moina de moineries ; au reste
clerc jusques ès dents en matières de bréviaire (1). »

Frère Jean a moins d'esprit que Panurge,
moins de science, peut-être moins d'invention,
mais il est davantage homme de ressources.
Bavard, vantard, fanfaron, on ne saurait dire
lequel des deux l'est le plus, lançant à tous propos et hors de propos des bordées de mots de
gueule ; mais le moine est moins exubérant dans
ses discours, plus concis ; il est joli causeur, et
plus circonspect. On prend volontiers conseil
de lui, plus souvent que de Panurge, bien moins
pratique au sens domestique et coutumier du
mot.

Comme on louait très fort les prouesses de
frère Jean et le courage qu'il avait déployé à la
défense du clos de l'abbaye, Gargantua, sur le
point d'entreprendre guerre, « requit que sur
l'heure fut envoyé quérir le moine afin qu'avec
lui on consultât de ce qu'étoit à faire. Par leur
vouloir, l'alla quérir son maître d'hôtel et l'amena
joyeusement avec son baston de croix (2). »

C'est encore à frère Jean que, de guerre lasse,

1. Liv. I, chap. xxvii.
2) *Ibid.*, chap. xxxv.

découragé, moqué, rebuté par tous ceux qu'il a
interrogés sur le cas de mariage, Panurge se
conseille pour savoir s'il se doit marier, et c'est
au moine qu'incombe le devoir de le réconforter
sur le doute de cocuage.

Il faut lire cette page si gauloise d'allure, où
frère Jean et Panurge, sous couleur de rhétorique cicéroniane font assaut de propos gri-
vois, et à plaisir étalent les plus cyniques li-
cences de langage, sans toutefois se départir de
cette franchise honnête, de cette rudesse saine
et morale, qui donnent à ce livre un charme
irrésistible.

Jovial, plus familier, plus domestique et
moins personnel que Panurge, le moine est
bien accueilli partout. On s'empresse autour de
lui comme à la rencontre d'un ami ancien.

« Quand il fut venu, mille caresses, mille
embrassements, mille bonsjours furent donnés.
« Hé frère Jean mon ami, frère Jean mon grand
« cousin; frère Jean de par le diable : l'accollée
« mon ami. — A moi la brassée. — Ça c... que je
« l'esrène à force de l'accoler. » Et frère Jean
de rigoller ! Jamais homme ne fut tant courtois
ni gracieux. Ça, ça dit Gargantua, une escabelle
auprès de moi, à ce bout 1 . »

1) Livre I, chap. XLI.

Frère Jean a ses grandes et petites entrées chez le roi. Gargantua l'admet en son particulier et accepte de lui volontiers les petits services de la chambre.

« Gargantua ne pouvait dormir en quelque façon qu'il se mît. Dont lui dit le moine : « Je ne « dors jamais à mon aise, sinon quand je suis au « sermon, ou quand je prie Dieu. Je vous suplie « commençons vous et moi les sept psaumes pour « voir si tantôt vous serez endormi. » L'invention plut très bien à Gargantua et commençant le premier psaume, sur le point de *Beati quorum* s'endormirent et l'un et l'autre (1). »

Je me suis attardé plus que de raison peut-être à l'analyse des portraits de Panurge et de frère Jean, mais à feuilleter Rabelais on s'oublie volontiers. Et que de choses je laisse derrière moi, que j'aurais voulu réciter. Mais il me reste encore quelques portraits à voir, sans parler des paysages et autres tableaux de genre.

Coulé en bronze, le portrait de la sibylle de Panzoust. En le regardant, on pense aussitôt à Rodin. C'est le même procédé chez le sculpteur de Balzac et chez Rabelais : un impromptu violent, avec plus d'art chez l'auteur du *Panta-*

(1) Liv. I, chap. XXXIX.

gruel, plus de fini dans les détails, plus de vérité dans l'expression.

À la croupe d'une montagne, sous un grand châtaignier, une case chaumine, mal bâtie, mal meublée, tout enfumée : c'est là qu'est la vaticinatrice, à cropeton au coin de la cheminée, se dessinant en haut relief sur le mur noirci. « La vieille était mal en point, mal vêtue, mal nourrie, édentée, chassieuse, courbassée, roupieuse, langoureuse, et faisait un potage de choux verts avecques une couane de lard jaune et un vieil savorados (1). »

Voilà du réalisme, et du bon. Rien ne manque au portrait, depuis le vêtement crasseux jusqu'à l'âme sordide. Et tout cet amoncellement vit, se meut, s'agite, crie épouvantablement, « sonnant entre les dents quelques mots barbares et d'étranges terminations ». Le tas se soulève et grandit démesurément, remue les badigoinces, jette de côté et d'autre les épaules, « fredonne des babines comme singe démembrant écrevisses ».

Voici maintenant un croquis : c'est fin, délicat, c'est blond, le portrait en demi-figure d'un jeune page que son maître et seigneur Don Phi-

_____

1, Liv. III, chap. XVI.

lippe des Marais, vice-roi de Paperigousses, amène à la cour de Grandgousier pour y servir de compagnon et de modèle à Gargantua, dont l'éducation laissait fort à désirer :

« Ledict des Marays introduict un sien jeune paige de Villegongis nommé Eudemon, tant bien testonné, tant bien tiré, tant bien épousselé, tant honnête en son maintien que trop mieulx ressembloit quelque petit angelot qu'un homme. »

Ailleurs, c'est un simple crayon, comme en marge du livre, tracé à la dérobée entre deux arguments, et qui d'un trait donne la silhouette de maître Janotus de Bragmardo, lorsque, élu par l'Université de Paris pour recouvrer les cloches de Notre-Dame, il se présente à Gargantua.

« Maître Janotus tondu à la césarine, vestu de son liripipion à l'antique et bien antidoté l'estomac de colignac de four et eau bénite de cave, se transporta au logis de Gargantua, touchant devant soi trois bedeaux à rouge museau, et traînant après lui cinq ou six maîtres inertes bien crottés à profit de ménage (1). »

Si l'on avait le temps de feuilleter les cartons de cette collection incroyable, on y trouve-

_____

1 Liv. I, chap. XVIII.

rait de véritables richesses, dessins par centaines, croquis merveilleux, où par un simple trait les hommes sont représentés au naturel, chacun avec sa dominante, défauts et qualités.

Les images de Panurge abondent. Il est portraituré sous les aspects les plus divers, quelques-uns plaisants, aucunes fois caricaturé et travesti.

Comme on venait de faire escale en l'île des Ganabins, tous voleurs et larrons, Panurge, qui ne brillait pas par le courage, s'était prudemment mussé en bas, dans la soute, entre les croûtes et chaplys de pain. Cependant, Pantagruel ayant donné l'ordre de mettre le feu au basilic qui était en sa nauf, les bombardiers des autres navires firent de même. Tout aussitôt, Panurge, pris de mâle rage de peur, sortit précipitamment de sa cachette en tel état que décrit Rabelais :

« Panurge, comme un bouc estourdi, sort de la soute en chemise, ayant seulement un demi bas de chausses en jambe ; sa barbe toute mouchetée de miettes de pain, tenant en main un grand chat soubelin attaché à l'autre bas de ses chausses. Et remuant les babines comme un singe qui cherche pouls en tête, tremblant et claquetant des dents se tira vers frère Jean qui était assis sur le portchaubant de tribort et dévotement le pria avoir de lui compassion et le tenir en sauvegarde de son braquemard, affermant et jurant sa part de papimanie qu'il avait à heure présente vu tous les diables déchainés. »

Dans un coin peu fréquenté de la galerie, un diptyque où se trouvent représentés deux médecins, « le médecin chagrin tétrique, rébarbatif, mal plaisant, mal content », façon de médecin tant pis « dont la face contriste le malade », vis-à-vis le médecin tant mieux, « dont la face joyeuse, sereine, plaisante, riante, ouverte, esjouit le malade (1). »

Puis, c'est la peinture de Quarêmeprenant, « grand avaleur de pois gris, un grand cacquerotier, un grand preneur de taulpes, un demi géant à poil folet et double tonsure, confalonnier des Icthyophages, dictateur de Moutardois, foucteur de petits enfants, calcineur de cendres, père et nourrisson des médecins, foisonnant en pardons, indulgences et stations, homme de bien, bon catholique de grande dévotion. Il pleure les trois quarts du jour ; jamais ne se trouve aux nopces. »

1. Liv. IV. chap. LXVII.
2 *Ibid.*. chap. XXIX.

Enfin. voici le portrait de Zachée, une eau-
forte d'une finesse exquise.

« Zachée souhaitait rien plus de voir notre
benoist Sauveur autour de Hiérusalem. C'estoit
chose médiocre et exposée à un chacun. Mais il
estoit trop petit et parmi le peuple ne le pouvoit
voir. Il trépigne, il trotinne. il s'efforce, il monte
sur un sycomore (1). »

Me sera-t-il permis de reproduire ici non plus
un simple portrait, mais un tableau de groupe
où sont peints. chacun avec sa physionomie
propre. les compagnons et domestiques de Pantagruel, sa maison civile et militaire. On était lors
en vue de l'île Chaneph, « en laquelle aborder
ne put la nauf de Pantagruel parce que le vent
faillit et fut calme en mer », et chacun se taisait,
se demandant par quel moyen l'on pouvait
« haulser le temps en calme ».

« Et estions tous pensifs. matagrabolisés,
sesolfiés, et faschés. sans mot dire les uns aux
autres. Pantagruel tenant un Héliodore Grec en
main sus un transpontin au bout des escous-
tilles sommeilloit. Telle estoit sa coustume, que
trop mieulx par livre dormoit que par cœur.
Epistemon regardoit par son astrolabe en quelle

<hr>

1 Prologue du livre IV.

élévation nous estoit le pole. Frère Jean s'estoit
en la cuisine transporté, et en l'ascendant des
broches et horoscopes des fricassées conside-
roit quelle heure lors pouvoit estre.

« Panurge avec la langue, parmy un tuyau
de pantagruelion faisoit des bulles et gargoulles.
Gymnaste appoinctoit des curedents de lentisque.

« Ponocrates resvant resvoit, se chatouilloit
pour se faire rire, et avec un doigt la teste se
grattoit. Carpalin d'une coquille de noix gros-
lière faisoit un beau, petit, joyeux et harmonieux
moulinet. Eusthenes sus une longue coulevrine
jouoit des doigts, comme si fust un monochor-
dion. Xenomanes avec des jectz d'esmerillon
rapetassoit une vieille lanterne. Nostre pilote
tiroit les vers du nez à ses matelots. »

On ne sauroit mieux peindre, et en des couleurs mieux appropriées, l'oisiveté et l'ennui
d'hommes condamnés à vivre ensemble sans
autre occupation que de ne rien faire, haulser
le temps, comme dit Rabelais. C'est ce que les
peintres appellent de la peinture grise.

Après les portraits, les tableaux de genre, les
paysages, quelques-uns charmants, gracieux,
d'une poésie naïve et champêtre, qu'on est surpris de trouver au milieu de tant de beuveries,
farces et mots de gueule.

« Le palfrenier d'un gentilhomme, au mois d'avril, promenait à un matin ses grands chevaux parmi les guérets. Là rencontra une gaie bergère, laquelle à l'ombre d'un buissonnet ses brebiettes gardait, ensemble un âne et quelques chèvres. »

Ce petit tableau n'est-il pas une merveille de composition ! Et comme chaque objet est bien en place, bien en valeur, « ensemble un âne et quelques chèvres » : le mot *ensemble* n'a l'air de rien et cependant, mis là en la façon dont Rabelais s'en sert communément en son langage, il relie toutes les parties du tableau, les empêche de se disjoindre et les relient en un tout harmonieux. Il y a de l'air dans cette toile, du recueillement et de la joie, joie douce, amoureuse, car c'est la saison des aubépines fleuries, et c'est l'aube vermeille, le printemps des âmes et de la nature.

Parfois le tableau ne se borne pas à parler aux yeux ; encore devient-il son et charme l'oreille, grâce à un artifice ou art particulier du langage où certains excellent.

« Le pigeon soubdain s'envole, haschant en incroyable hativité. »

En fait d'harmonie imitative, je doute que l'on trouve mieux chez La Fontaine, le maître du genre.

Soubdain s'envole, ces syllabes précipitées de même allure et de même son, *sou... s'en*, rappellent bien le bruit d'aile du pigeon quand il prend son vol, de même façon que le mot *haschant* simule les crochets que fait l'oiseau avant d'avoir trouvé la voie qu'il lui convient de suivre, laquelle est ici représentée par les mots à forme plus directe et continue, en *incroyable hativité*, s'arrêtant sur une intonation fermée *ivité* qui est la fuite de l'oiseau et sa disparition dans l'espace.

Ailleurs, c'est un simple croquis, un de ces traits au crayon, comme les maîtres en tracent, sans même y songer, sur quelque feuille banale, et qui font la joie des collectionneurs.

« Demain doneques, sur l'heure où la joyeuse aurore, aux doigts rosats déchassera les ténèbres nocturnes, adonnez-vous à songer profondément. »

Nul mieux que Rabelais ne sait en un seul mot, dit comme par hasard et en se jouant, peindre une situation. Il s'agit encore de Panurge.

« Le paulvre Panurge était eximé comme hareng soret, aussi allait-il du pied comme un chat maigre. »

Puis, c'est Pantagruel. Comme on lui amenait un prisonnier, le bon Pantagruel ne crut pouvoir

mieux faire que de l'inviter à boire familièrement,
le ventre contre terre, avec ses domestiques.
Cependant, le prisonnier laissait paraître un
grand émoi en présence de ce géant à la voix
stentorée.

« Le pauvre diable n'était point assuré que
Pantagruel ne le dévorast tout entier, ce qu'il
eut fait, tant avait la gorge large, *aussi facilement que feriez un grain de dragrée et ne lui eut
monté en sa bouche en plus qu'un grain de millet
en la gueule d'un asne.* »

Rabelais ne néglige aucun détail, et il faut
voir avec quel sentiment vrai de la nature et quel
art il retient et met en valeur ceux qui peuvent
donner à son tableau le pittoresque et la vie.

« Ce disant, frère Jean mit son habit bas,
et se saisit du baston de la croix, *qui estait de
cœur de cormier, long comme une lance, rond
à plein poing, et quelque peu semé de fleurs de
lis toutes presque effacées.* »

On le voit, ce bâton de croix, avec ses dorures
que l'usage a ternies, on le touche, on l'a en
plein poing.

Les comparaisons de Rabelais ne sont jamais
banales, croquis, lestes et enjoués, inattendus
souvent et qui charment par le pittoresque et
la justesse de l'expression.

C'est, par exemple, l'historien Monstrelet, « plus baveux qu'un pot à moutarde ». C'est frère Jean assis à la table d'Homenaz, où le service est fait par de jolies filles, « les regardant de coté comme un chien qui emporte un plumail ».

Couillatris, à la vue de sa cognée qui lui est miraculeusement rendue, « tressaille comme un renard qui rencontre poules égarées ».

Parmi les choses étonnantes observées au temps de la nativité du grand Pantagruel, à quelques-uns « tant croissait le nez qu'il semblait la fleute d'un alambic, tout diapré, tout estincelé de bubellettes ; pullulant, purpuré, trompette, tout émaillé, tout boutonné et brodé de gueules ».

Voilà certes un visage d'ivrogne pris sur le vif et peint d'après nature. Dans la scène muette où Panurge confère par signes avec Nazdecabre, ce dernier se contente de branler « les lèvres comme font lapins mangeant avoine en herbe ». Mais il faut lire le nouveau prologue du quart livre, qui est à lui seul une merveille. Nulle part peut-être le peintre n'a déployé plus de verve que dans ces quelques pages, où portraits et tableaux abondent, petites aquarelles riantes et lumineuses et d'une richesse de couleur incomparable. Mais je ne puis m'y arrêter : il faudrait tout reproduire.

Veut-on savoir à quoi ressemble la joie ? A un tambour

On est joyeux « comme un tambour de noce ».

Enfin, car je dois me borner, ne sont-elles pas charmantes, ces deux images que j'emprunte à l'hymne dans lequel Rabelais célèbre les vertus du chanvre, qu'il nomme pantagruélion ? « On sème cestui pantagruélion *à la nouvelle venue des hirondelles* ; on le tire de terre, *lorsque les cigales commencent à s'enrouer.* »

L'imagerie de Rabelais est d'une richesse incomparable, et l'on en ferait un album aussi plaisant qu'instructif, et comme étude de mœurs et au point de vue plus désintéressé de l'art.

Je ne voudrais pas clore cette étude sans mentionner une œuvre magistrale, moins par les dimensions inaccoutumées de la toile que par les qualités du tableau, qui sont ici de premier ordre. Il s'agit de cette tempête mémorable qu'eut à supporter Pantagruel au cours de son voyage vers la Dive Bouteille, pendant lequel frère Jean et Panurge eurent contenances si diverses. Je n'ai vu, pas plus chez les peintres que chez les poètes, tableau plus vrai, plus saisissant, plus près de la nature que cette description de la tempête, où, plusieurs pages durant Rabelais nous tient sous ce charme fait d'effroi et d'admiration, que produit la vue du sublime.

Que l'on me pardonne cette citation un peu longue ; ce sera la dernière.

« Au lendemain rencontrâmes à poge neuf orques chargées de moines jacobins, jésuites, capucins, hermites, augustins, bernadins, célestins, théatins, égnatins, amadéans, cordeliers, carmes, minimes, et aultres saincts religieux, lesquels alloient au concile de Chesil pour grabeler les articles de la foy contre les nouveaux hérétiques. Les voyant, Panurge entra en excès de joye, comme asceuré d'avoir toute bonne fortune pour celuy jour et aultres subsequens en long ordre...

« Pantagruel restoit tout pensif et melancholicque. Frère Jean l'apperçut et demandoit dont luy venoit telle fascherie non accoustumée, quand le pilot, considerant les voltigemens du peneau sur la poupe et prevoyant un tyranique grain et fortunal nouveau, commanda tous estre a l'herte, tant nauchiers, fadrins et mousses que nous aultres voyagiers...

« Soubdain la mer commença s'enfler et tumultuer du bas abysme ; les fortes vagues battre les flancs de nos vaisseaulx ; le mistral accompaigné d'un cole effrené, de noires gruppades, de terribles sions, de mortelles bourrasques, siffler à travers nos antemnes. Le ciel tonner du hault, foudroyer, esclairer, pleuvoir, greler ; l'air perdre sa transparence, devenir opacque, ténébreux et obscurci, si que aultre lumière ne nous apparoissoit que des fouldres, esclairs et infractions de flambantes nuées ; nos aspects tous estres dissipés et perturbés : les horrifiques typhones suspendre les monstrueuses vagues du courant.

« Croyez que ce nous sembloit estre l'antiqu chaos, auquel estoient feu, air, mer, terre, tous les élémens en refractaire confusion (1). »

Je m'arrête ; il faut lire dans le livre les cinq ou six pages où Rabelais conte cette aventure : les naufs tantôt disparaissant dans les profondeurs sombres de l'abîme, tantôt rejetées jusques aux cieux par quelque vague décumane ; les matelots affolés, affairés, courant aux bris de la mer furieuse, ensemble frère Jean, habile en tous offices, aussi bon marinier que parfait moine ; en un réduit orde et puant Panurge accroupi en veau pleurard, suppliant le moine

____

1, Liv. IV, chap. XVIII.

de recevoir sa confession, et demandant à une dévotion intéressée le courage qui lui fait défaut ; et dominant tout ce vacarne, la forte voix de Pantagruel : « Terre, terre, je vois terre ! Enfants courage de brebis ; nous ne sommes pas loin du port ! »

Ne sont-elles pas magnifiques ces pages, superbes, l'harmonie dans le chaos, l'unité dans le désordre, un mouvement du diable, un art savant, tout l'idéal dans tout le réel.

CHAPITRE IV

LE POLITIQUE

Les rois. — L'État et l'individu.
La guerre et la colonisation.

Dans le prologue du *Gargantua*, Rabelais se défend, en ce langage humoristique où nul ne l'égale, de n'avoir voulu écrire que des choses frivoles. Ceux qui lui font ce reproche ne sont que gens légers et superficiels qui, sur l'enseigne extérieure, sans plus avant enquérir, jugent « n'estre au dedans que moqueries, folasteries et menteries joyeuses ». Que si seulement ils avaient été plus circonspects, ils se seraient tôt aperçus que les matières traitées dans ces écrits « ne sont tant folastres comme le titre au dessus prétendoit, mais plutôt renferment un enseignement sérieux et utile tant en ce qui concerne l'estat politique et vie économique ».

On se tromperait cependant si, d'après cette déclaration de l'auteur, on s'attendait à trouver dans le *Gargantua* et le *Pantagruel* quelque chose qui ressemblât à l'exposé systématique d'une doctrine politique quelconque. Il n'y a rien de pareil dans les écrits de Rabelais. Cependant, et bien qu'il n'ait jamais rien enseigné sur la politique considérée comme science de gouvernement, on recueillerait chez lui, épars mais relevant d'une idée maîtresse, les éléments d'une politique personnelle.

Sans doute la conception politique de Rabelais diffère de celle que nous avons, nous autres les fils de la Révolution mais ce que l'on peut affirmer, c'est qu'elle y mène.

La politique du *Gargantua* est celle des penseurs du seizième siècle encore tout imprégnée des traditions de la Grèce et de Rome. C'est l'art de gouverner les peuples dans ce que cet art a de plus général, avec, chez Rabelais, quelque chose de nouveau qui annonce la Révolution française. L'État n'est pas tout. En face de lui se dresse l'individu encore hésitant, mais fort dans la conscience de sa valeur personnelle et de ses droits.

Dans le grand mouvement vers l'individualisme qui se fait à cette époque et dont la Renaissance

et la Réforme sont les manifestations les plus
originales, complémentaires l'une de l'autre, art
et conscience, Rabelais joue un rôle important.
Personne mieux que lui ne sut réunir au même
degré le génie de la Renaissance et celui de l'ancienne Gaule, le passé classique et le passé national. A ce titre, il a sa place parmi les précurseurs de la Révolution.

A travers les pages de son livre, c'est comme
un vent de liberté qui souffle renversant les
abus, déracinant les préjugés, une sève de démocratie qui monte et qui éclate en tous ses propos.

Panurge, l'homme de tout art et de toute
science, est encore l'homme-peuple. Il se dresse
en un éclat de rire énorme, tour à tour superbe
et obscène, et proteste contre les iniquités sociales
et l'injustice des lois.

Quand on songe en quel siècle écrivait Rabelais, au prestige incontesté d'une royauté toute-
puissante, on s'étonne que, même avec la protection des frères du Bellay, il ait osé parler
comme il l'a fait des grands du monde et de
l'Église.

« Pleust à Dieu qu'un chacun sceut aussi
certainement sa généalogie, depuis l'arche de
Noé jusques à ceste âge ! Je pense que plusieurs

sont aujourd'huy empereurs, rois, ducs, princes, et papes en la terre, lesquelz sont descenduz de quelquez porteurs de rogatons et de coustrets. Comme au rebours, plusieurs sont gueux de l'hostiaire, souffreteux et misérables, lesquelz sont descenduz de sang et lignée de grands rois et empereurs (1). »

Il faut entendre ce qu'Épistemon, retour des Enfers, conte de tous ces grands hommes de guerre, empereurs et papes tant vantés durant leur vie et dont l'histoire redit en fanfare les noms.

« Je vis Alexandre le Grand qui rapetassoit de vieilles chausses, et ainsi gagnait sa pauvre vie.

« Xerxès crioit la moustarde, Romule estoit saulnier, Numa clouatier, Tarquin tacquin, Enéas meunier, Achille teigneux, Agamemnon liche-casse (lèche-casseroles), Scipion Africain crioit la lye en un sabot, Hannibal estoit cocquassier, Priam vendoit les vieux drapeaulx, Néron estoit vielleux, et Fiérabras son valet ; mais il lui faisoit mille maulx et lui faisoit manger le pain bis et boire vin poulsé ; et lui mangeoit et buvoit du meilleur (2). »

(1) Liv. I, chap. I.
(2) Liv. II, chap. XXX.

Si des rois nous passons aux hommes d'Église, ceux-ci n'en valent guère mieux.

« Le pape Jules estoit crieur de pestits pastés ; mais il ne portait plus sa grande et bougrisque barbe. Boniface pape huitième estoit écumeur de marmites. Nicolas pape tiers estoit papetier. Le pape Alexandre estoit preneur de rats (1). »

Quant au pape Sixte, il se livrait à un métier bien moins honorable et si mal plaisant que mieux vaut ne point le nommer.

Et l'ironie de Rabelais, cinglante, va son train plusieurs pages durant, sans laisser paraître la moindre pitié à l'endroit de gens que la justice immanente n'a fait choir si bas que parce que les hasards de la vie ou le caprice de la fortune les avait placés trop haut. Au contraire, et comme si la vue de ces justes revers fût une satisfaction à sa conscience, Épistémon déclare « qu'il prenait un singulier passe-temps à les voir ».

On se méprendrait singulièrement sur la pensée intime de Rabelais, si l'on voyait dans ce langage le moindre sentiment de haine ou de jalousie, ou rien qui ressemblât à ce qu'on appelle aujourd'hui la lutte des classes. Simple

____

(1) Liv. II, chap. xxx.

idée de justice distributive, un besoin vague
encore, imprécis, mais qui va de plus en plus
s'affermissant, de justice sociale. Chacun a dans
sa destinée une somme prédéterminée de biens
et de maux. Ceux qui ont eu leur part de bonheur en ce monde n'ont à attendre dans l'autre
que peines et soucis. Il y a compensation. Sous
une forme enfantine, ce n'en est pas moins un
essai de justice sociale.

« Ceulx qui avaient esté gros seigneurs en ce
monde, ici gagnaient leur pauvre méchante et
paillarde vie là-bas. Au contraire, les philosophes et ceux qui avaient esté indigents en ce
monde, de par delà étaient gros seigneurs à leur
tour. Je vis Diogène qui se prélassait en magnificence avec une grande robe de pourpre et
sceptre en sa dextre..... Je vis Epictecte vestu
galantement à la françoise, sous une belle ra-
mée, avec force damoiselles, se rigollant, beu-
vant, dansant, faisant en tous cas grand chère,
et auprès de luy force escus au soleil. »

Cette façon de paradoxe social n'étonne personne. Cela semble tout naturel. Qu'Alexandre
le Grand, comparant un jour son état à l'humble
condition de Diogène, ait pu dire « qu'il souhaitait en cas qu'Alexandre ne fust estre Diogène
Sinopien », voulant montrer par là « en quelle

estimation il avait le philosophe », le Cynique
n'en a cure, bien au contraire. Son plus grand
plaisir aux Enfers est de faire enrager l'illustre
élève d'Aristote, « quand il n'avait pas bien rape-
tassé les chausses, et le payait en grands coups
de bâton ».

Épictète n'agit pas autrement.

« Cependant qu'il chopinait théologalement,
vint Cyre lui demander un denier en l'honneur
de Mercure, pour achapter un peu d'oignons
pour son souper. « Rien ! rien ! dit Épictète : je
« ne donne pas de denier. Tiens, marault, voilà
« un escu, sois homme de bien ! »

Cyre fut bien aise d'avoir rencontré tel butin.
Mais les « aultres coquins de rois qui sont là bas
comme Alexandre, Daire et aultres le déroba-
rent la nuict ».

C'est encore maître Jean le Maire « qui con-
trefaisait du pape et à tous ces pauvres rois et
papes de ce monde faisait baiser ses pieds et en
faisant du grobis leur donnait sa bénédiction,
disant : « Gagnez les pardons, coquins, gagnez,
« ils sont à bon marché : je vous absous de pain
« et de soupe et vous dispense de valoir jamais
« rien [1]. »

1) Liv. II. chap. XXX.

Il appartenait à Panurge de dire le mot de la fin. Pantagruel ayant fait prisonnier le roi des géants, Panurge, encore sous l'impression du narré d'Épistémon, lui dit, montrant Anarche : « De quel mestier ferons nous monsieur du roy ici, afin qu'il soit ja tout expert en l'art, quand il sera par delà à tous les diables ? — Vrayement, dist Pantagruel, c'est bien advisé a toy ; or fais-en à ton plaisir, je te le donne (1) .»

Sur quoi, Panurge, ayant affublé son prisonnier d'un vêtement ridicule, l'amena à Pantagruel.

« Cognoissez-vous ce rustre ? — Non, certes, répondit Pantagruel. — C'est monsieur du roy des trois cuittes. Je le veux faire homme de bien : ces diables de roys icy ne sont que veaulx, et ne sçavent ny ne valent rien, sinon à faire des maulx es pauvres subjets, et à troubler tout le monde par guerre, pour leur inique et detestable plaisir. Je le veux mettre à mestier, et le faire cricur de saulce verte (2). »

Et comme Arnache répugne à cette comédie peu royale, et se montre malhabile en un office pour lequel le droit divin ne l'avait guère préparé : « Chante plus haut, lui disait Panurge :

____

(1) Liv. II, chap. xxxi.
(2) Liv. II, chap. xxxi.

ainsi diable tu as bonne gorge : tu ne fus jamais
si heureux que de n'être plus roi. »

Telle est la leçon politique qui se dégage de
toute cette aventure : « Tu ne fus jamais si heureux que de n'être plus roi ! »

Le nom que Rabelais donne au roi des géants
est d'ailleurs significatif, *Anarche*, qui est voisin d'*Anarchie*, comme si l'ami et l'historiographe de Gargantua et de Pantagruel eût été
de cette opinion que la monarchie est, par
essence, contraire à toute bonne discipline, police et gouvernement de république.

Les rois, malgré l'investiture et l'hérédité, sont,
à les bien considérer, des hommes tout comme
les autres. S'ils s'en distinguent, ce devrait être
moins par le titre que par des qualités personnelles, humaines plutôt que royales. « Lors les
républiques seront heureuses quand les rois
philosopheront ou que les philosophes régne-
ront. »

A cet égard, Rabelais était absolument de
l'avis de Platon. Que l'on me comprenne bien.
Rabelais ne professait assurément pas, pour la
dynastie et la royauté comme telles, le respect
qu'affectent de nos jours les fidèles de la monarchie ; cependant l'on ne pourrait pas dire de lui,
suivant le mot du jour, qu'il fut républicain.

Ce libre et grand esprit n'était pas de ceux que l'on enferme en des symboles, et j'imagine que si on lui eût posé la question : république ou monarchie, il eût tout simplement répondu que le meilleur des gouvernements est encore celui qui respecte le mieux des droits de chacun et assure à tous le plein exercice de leur liberté

La liberté toujours, partout et avant tout, telle fut sa doctrine.

Il y a pour Rabelais deux sortes de rois, le roi de la réalité et de l'histoire, et le roi idéal : le roi de fait, et le roi de droit : si peu roi, ce dernier, qu'on ne s'en douterait guère, bon et sage, humain et juste.

Picrochole est le roi selon la formule, l'archetype et le parangon du monarque conquérant, le vrai selon l'opinion commune, celui que l'on vante et que l'on admire. Rabelais le peint et stigmatise d'un mot : « le pauvre cholérique ». Et certes je ne vois pas ce que l'on pourrait dire de plus.

Lorsque l'on y songe sans parti pris ni emballement d'aucune sorte, que reste-t-il, je vous le demande, de ces guerroyeurs, qu'ils se nomment Alexandre, César ou Napoléon, quand une fois on leur a arraché l'oripeau dont ils s'affublent et qu'on appelle la gloire, si ce n'est une sottise incommensurable autant que criminelle ?

Quant à Picrochole, vaincu, détrôné, qui est la fin commune à ses pareils, ce que Victor Hugo appelle le sapin du trône, voici en quels termes Rabelais raconte son évasion :

« Picrochole ainsi désespéré s'enfuit vers l'isle Bouchard et au chemin de Rivière son cheval broncha par terre, à quoi tant fut indigné que de son épée le tua en sa chole ; puis, ne trouvant personne qui le remonstât voulut prendre un asne du moulin qui là auprès estoit ; mais les meuniers le meurtrirent tout de coups et le destroussarent de ses habillemens, et luy baillèrent pour soy couvrir une méchante sequenye. Ainsi s'en alla le pauvre cholérique ; puis passant l'eau au Port Huaulx, et racontant ses males fortunes, fut advisé par une vieille lourpidion que son royaume luy seroit rendu à la venue des coquecigrues ; depuis ne sçait on ce qu'il est devenu. Toutefois, l'on m'a dit qu'il est de présent pauvre gaigne denier à Lyon, cholère comme devant. Et tousjours se guemente à tous estrangiers de la venue des coquecigrues, espérant certainement, selon la prophétie de la vieille, estre à leur venue réintégré en son royaume (1). »

1 Liv. I, chap. XLIX.

Et comme c'est bien toujours la même chose,
qu'on y mette, au lieu de Picrochole, les noms
de Napoléon, de Charles X, ou de Louis-Phi-
lippe, pour ne parler que de ceux-là !

Aux rois de l'histoire, il convient d'opposer le
monarque selon le cœur de Rabelais. Mais ici je
me demande si, lorsqu'il a taillé dans l'énorme
son Gargantua et son Pantagruel et hors de
toute proportion humaine, Rabelais n'a pas
voulu donner à entendre que ces rois bons, dé-
bonnaires, aimables dans le commerce de la vie,
doux à leurs sujets, et uniquement occupés du
bonheur de leurs peuples, ne seraient, à tout
prendre, qu'un mythe, personnages fabuleux,
irréels, et qui n'auraient d'existence que dans la
pensée des hommes justes et au cœur droit ?
Quoi qu'il en soit, Grandgousier est le « bonhomme Grandgousier ». Pantagruel le plus grand
petit bonhommet qui onéques ceignit épée, l'idée
est exemplaire de toute perfection » ; bonhomme
et bonhommet étant dits non en façon de mo-
querie et pour se railler, mais bien plutôt pour
indiquer des qualités morales d'humanité et de
justice.

Au demeurant, ces rois géants sont simples,
sans morgue, d'un commerce facile. Ennemis de
la flatterie, ils prennent volontiers conseil des

amis, que Rabelais appelle familièrement leurs domestiques.

A la lecture du *Gargantua* et du *Pantagruel*, on a cette impression que les héros de Rabelais sont moins des personnages imaginaires que des êtres bien vivants et réels, que, sans beaucoup d'effort, on prendrait pour autant de personnages historiques. Individualités à l'emporte-pièce, irréductibles, ce sont des consciences indépendantes, fières, incapables de compromissions ou même de complaisances équivoques.

L'œuvre de Rabelais est comme le triomphe de l'individualité. Cela résulte de l'idée que Rabelais se fait de la nature de l'État.

Suivant une opinion très répandue, même en certains pays de démocratie, l'État serait une volonté, celle d'un monarque de droit divin ou d'une assemblée élue, peu importe, dont la fonction consisterait à régler par des lois, décrets et ordonnances l'usage que chacun doit faire de sa liberté. Rabelais s'insurge contre cette opinion. Pour lui l'État ès qualité n'a qu'une valeur négative; son rôle consiste moins à réglementer la liberté qu'à en assurer l'exercice; car la liberté est supérieure à l'État; l'État ne vaut que dans la mesure où il fait respecter la liberté et où lui-même la respecte. C'est la conception des républicains dits libertaires, dont l'auteur de *Gargantua* peut être considéré comme l'ancêtre, au dogmatisme près.

Au moment de récompenser ses compagnons qui s'étaient particulièrement signalés dans la guerre picrocholine, Gargantua offre à frère Jean des Entommeures, à titre de solde de guerre et pour sa part de prise, plusieurs abbayes parmi les plus riches de son empire. Le moine refuse ce cadeau princier, déclarant qu'il ne consentira jamais à accepter « charge ni gouvernement de moines », car, dit-il, « comment pourrais-je gouverner autrui, qui moi-même gouverner ne saurais ».

La raison n'a l'air de rien, une simple boutade, qui cependant est profonde et mérite quelque attention. Ce n'est assurément pas que gouverner soit chose si difficile et de nature à faire hésiter un homme comme frère Jean, mais il sait trop que tout gouvernement est par lui-même, et par cela seul qu'il est gouvernement, un danger permanent pour la liberté, qui ne comporte d'autre loi que la sienne et d'autre limite qu'elle-même.

Et cela est si bien la pensée de Rabelais, que le moine étant tombé d'accord avec Gargantua pour fonder une abbaye « à son désir », Gar-

gantua lui offre pour s'y établir tout son pays
de Thélème.

Thélème ! comme qui dirait Volonté ou Liberté.
En la circonstance, ce nom est significatif ; il
marque le caractère de la société telle que la
concevait Rabelais. C'est aussi pourquoi Gargantua propose que l'abbaye nouvelle ne soit
enclose d'aucune muraille ni circuit ; ce qui plut
fort au moine, car, dit-il, « où mur y ha et devant et derrière, y a force murmur, envie et
conspiration mutue (1) ».

Pour ce qui est de l'aspect extérieur de l'abbaye de Thélème, de son aménagement en
général, voire de son organisation liturgique,
elle ne diffère pas sensiblement des autres monastères, si ce n'est en certains points où la
fantaisie de l'auteur se donne libre carrière.
Mais où l'on voit apparaître les idées politiques
et sociales de Rabelais, c'est dans la description
qu'il fait de la règle de la maison et de la façon
dont se comportent les religieux et religieuses
de Thélème, les uns vis-à-vis des autres et chacun en son particulier.

« Toute leur vie était employée non par lois,
statuts, ou règles, mais selon leur vouloir et

_____
(1) Liv. I, chap. LII.

franc arbitre. Ainsi l'avait voulu Gangantua. En leur règle n'était que ceste clause : Fais ce que voudras (1). »

On le voit, c'est la glorification de la liberté individuelle, supérieure à tout. Seulement à l'encontre de ceux qui s'imaginent que cet excès de liberté conduit nécessairement au désordre, au mépris des autres et à l'anarchie, Rabelais est d'opinion que la meilleure garantie pour la liberté des autres est encore dans l'amour que chacun professe pour sa liberté propre. Si on lui eût dit que sa conception de l'individu risquait de compromettre l'ordre social, on l'eût bien étonné et j'imagine qu'il se fût contenté de sourire à une objection qui n'est, après tout, qu'un des nombreux sophismes auxquels ont recours les esprits superficiels à court d'arguments.

Étranger à nos subtilités politiques, ennemi des dogmatismes par sincérité intellectuelle et par amour de la vérité, — *amicus Plato, sed magis amica veritas*, — ce vaste esprit n'eut jamais admis que, dans un intérêt de parti, l'on opposât l'un à l'autre et dissociât des termes faits pour être unis, qui s'appellent et se com-

(1) Liv. I, chap. LII.

plètent l'un par l'autre, à ce point qu'aucun ne peut donner sa valeur réelle et pratique s'ils ne sont tous deux associés. Isolés, individualisme et socialisme n'ont par eux-mêmes aucune existence propre. Ce sont les deux aspects, très distincts assurément, mais indipensables d'une même vérité, soit philosophique, soit politique. Notre tort, c'est d'avoir donné à ces termes une valeur limitative, comme s'ils pouvaient servir de base à deux doctrines opposables l'une à l'autre.

C'est ce que n'a jamais fait Rabelais. S'il donne pour fondement à sa société idéale cette simple règle : « Fais ce que voudras », qui est la formule de l'individualisme dans ce qu'il a de plus absolu, il se hâte d'ajouter : « Les hommes sont nés pour aide et secours des hommes. » Ailleurs encore, voulant montrer qu'il existe entre chacun de nous et la collectivité un lien étroit de solidarité, il déclare qu'avec le commun est aussi le propre perdu » ; c'est-à-dire que rien de ce qui intéresse l'individu ne saurait être indifférent à la société, et vice versa.

Si l'on veut, sur ce point particulier, se faire une idée nette et précise de la pensée de Rabelais, il faut lire, dans le livre III du *Pantagruel*, les chapitres III et suivants, où Panurge fait l'éloge des « debteurs et emprunteurs ». Sous une forme plaisante, c'est tout un essai d'organisation sociale ; je n'ose pas dire l'exposé d'une doctrine, Rabelais ne me le pardonnerait pas, lui qui était d'instinct ennemi de tous les dogmatismes. Vainement chercherait-on ici quelque chose qui ressemblât au communisme, au collectivisme, ou à tout autre système portant la marque de quelque philosophe, économiste indigène ou exotique. C'est du socialisme, mais du bon, pur de tout esprit sectaire.

À son retour du pays des Dipsodes, qu'il venait de conquérir et où il se disposait à envoyer une colonie d'Utopiens, Pantagruel fit don à Panurge de la châtellenie de Salmigoudin. Le présent était royal, la châtellenie étant de très gros rapport. N'empêche que Panurge, qui n'était point ménager de sa nature, ne dépensât en moins de quatorze jours le revenu certain et incertain de sa châtellenie ; non point, comme on pourrait le croire, en œuvres pieuses ou simplement utiles, fondations de monastères, création d'hôpitaux, mais en mille petits banquets et festins joyeux. Comme il s'en confessait à Pantagruel, celui-ci n'en parut aucunement fâché, car c'était le meilleur petit et grand bonhommet qui oncques ceignit épée, et toutes choses prenait en bonne part, interprétant tout à bien. Cepen-

dant, tirant Panurge à part, il lui remontra
« douleestement » qu'à vivre de la sorte il ne
serait jamais riche. A quoi Panurge répond
qu'il se moque bien des richesses et qu'ailleurs
est son souci. Puis, il entame un long discours
sur la vanité des biens de ce monde et le peu
de cas qu'il convient de faire de l'argent, s'il
n'est employé à profit de ménage et dépensé
en menus plaisirs. Bien résolu à ne pas céder
devant les sophismes de Panurge, Pantagruel
riposte par un argument *ad hominem* : « Mais
quand serez-vous hors de dettes ? — Ez calen-
des grecques, répond Panurge, lorsque tout le
monde sera content et que serez héritier de
vous-même. Dieu me garde d'en être hors. Plus
lors ne trouverais qui un denier me prestât. »

Voilà le grand mot lâché : *Plus lors ne trouverais qui un denier me prestât.* Ces simples
mots, qui tout à l'heure ont fait sourire le bon
Pantagruel, sont en réalité augustes, respec-
tables et redoutables : c'est la formule même de
la vie, aussi bien dans le monde cosmique que
dans l'ordre moral, politique, social, économique. Il existe, en effet, entre les êtres une
sorte de va-et-vient continuel, un échange constant au moyen duquel ils s'empruntent mutuellement et se prêtent quelque chose de leur

substance ; autrement rien ne serait, tandis que ce qui est retournerait au néant.

« Est-ce par adventure celle grande âme de l'univers laquelle selon les académiques toutes choses vivifie. »

Voilà ce que Panurge entreprend de montrer en un discours magistral où, quittant les propos frivoles en lesquels d'habitude il se complaît, il s'élève par degrés à des hauteurs, d'où la pensée agrandie embrasse l'universalité des êtres, et ravie, émue, contemple l'épanouissement harmonieux et superbe du Grand Tout.

Je regrette de ne pouvoir citer en entier ce discours merveilleux qui est comme un hymne à la vie, et qui remplit les chapitres III et IV du livre III du *Pantagruel.*

Panurge s'attache tout d'abord à montrer ce que serait un monde où il n'y aurait ni « debteurs ni crediteurs ».

« Un monde sans debtes ! Là entre les astres ne sera cours régulier quelconque. Tous seront en désarroi. Jupiter ne s'estimant debteur, Saturne le déposera de sa sphère..... Saturne se ralliera avec Mars et mettront tout ce monde en perturbation. Mercure ne voudra soi asservir ès autres. Plus ne sera leur Camille comme en langue hetrusque était nommé, car il ne leur est en rien debteur. Vénus ne sera vénérée, car elle n'aura rien presté ! La lune restera sanglante et ténébreuse. A quel propos lui départirait le soleil sa lumière ? Il n'y serait en rien tenu... Entre les éléments ne sera symbolisation, alternation, et transmutation aulcune : car l'un ne se réputera obligé à l'autre, il ne lui avait rien prêté... La terre rien ne produira que monstres, il n'y pluira pluie, n'y luira lumière, n'y ventera vent, n'y sera esté ne automne... De cestui monde rien ne prestant ne sera qu'une chiennerie, qu'une brigue... Entre les humains l'un ne saulvera l'autre: il aura beau crier à l'aide, au feu, à l'eau, au meurtre, personne n'ira à son secours. Pourquoi ? Il n'avait rien presté ; on ne lui devait rien... Bref de cestui monde seront bannies foi, espérance, charité ; *car les hommes sont nés pour l'aide et le secours des hommes.* En lieu d'elles succéderont, défiance, mépris, rancune avec la cohorte de tous maux, toutes malédictions et toutes misères. Vous penserez proprement que là eut Pandora versé sa bouteille. *Les hommes seront loups ès hommes :* loups garous et lutins... Si que chose plus facile en nature serait nourrir en l'aer les poissons, paistre les cerfs au fonds de l'Océan, que supporter cette truampaille de monde qui rien ne prête.

« Par ma foi je le hais bien. Et si au patron
de ce chagrin monde rien ne prestant vous
figurez l'autre petit monde qui est l'homme vous
y trouverez un terrible tintamarre (1). »

A ce monde où personne ne doit ni ne prête,
Rabelais oppose un autre monde fait à l'inverse
du premier, où tous sont *debteurs*, tous *presteurs* :

« O quelle harmonie sera parmy les réguliers
mouvements des cieulx. Il m'est advis que je
l'entends aussi bien que fit oncques Platon.
Quelle sympathie entre les éléments ! O comment nature se y délectera en ses œuvres et
productions ! Cérès chargée de bleds ; Bacchus,
de vin ; Flora, de fleurs ; Pomona, de fruicts ;
Juno, en son air serain, seraine, salubre, plaisante. Je me perds en cette contemplation.
Entre les humains, paix, amour, dilection, fidélité, repos, banquetz, festins, joye, liesse, or,
argent, menue monnoie, chaines, bagues, mar-
chandises troteront de main en main. Nul
procès, nulle guerre, nul débat ; nul n'y sera
usurier, nul eschart, nul chichart, nul refusant.
Vrai Dieu, ne sera-ce l'âge d'or, le règne de
Saturne, l'idée des régions olympiques, esquel-
les toutes vertus cessent, Charité seule règne.

(1) Liv. III, chap. III.

regente, domine, triomphe? Tous seront bons, tous seront beaux, tous seront justes. O monde heureux! ô gens de cestuy monde heureux! ô béatz trois et quatre fois! Il m'est advis que j'y suis (1). »

Et revenant à une idée qui lui est chère et qu'il a déjà plusieurs fois exprimée, Rabelais déclare à nouveau que « Nature a créé l'homme pour prester et emprunter... Crediteurs sont créatures belles et bonnes. Qui rien ne prête est créature laide et mauvaise, créature du grand vilain diantre d'enfer. »

Que l'on me pardonne cette longue citation. Si je m'y suis attardé, ce n'est pas seulement pour le plaisir que j'y ai moi-même, mais encore et surtout pour faire sentir à ceux qui ne fréquentent pas chez Rabelais, tout ce qu'il y a de magnificence de langage et de richesse de pensée dans le *Gargantua* et le *Pantagruel*, livre merveilleux, unique, où l'esprit hésite entre la sagesse et la folie, tant il y a dans l'une comme dans l'autre de bon sens et d'humanité.

Et quelle façon aimable et pittoresque d'exposer la grosse question et redoutable des rapports de l'individu avec la société. Le mot de solidarité n'y est pas, mais la chose est partout dans

____

(1) Liv. III, chap. IV.

les pages que j'ai citées. Et qu'est-ce autre chose
que cette communauté d'intérêts qui est bien
moins le résultat d'une convention sociale et
d'une longue accoutumance qu'une loi organique
et nécessité de notre nature ? Et quelle sérénité,
quelle élévation, quelle grandeur dans la pensée du satirique qui, d'un bond, s'élève du particulier au général, à cette loi universelle, la
même pour l'univers cosmique et l'univers moral,
qui régit tous les êtres et les rapproche en un
but commun dans la diversité infinie des fonctions et des devoirs particuliers à chacun !

Rabelais a eu ce grand mérite de comprendre
que le premier devoir de l'homme est de se réa-
liser conformément à sa nature — *remettre
l'homme en nature,* — d'être soi-même, de se
créer une individualité. Il a senti que pour faire
une société, une foule ne suffit pas; encore y
faut-il des individus, car il n'est donné qu'au
petit nombre et au très petit nombre d'être quelqu'un. L'initiative n'appartient pas à la masse.
Voit-on que la masse ait jamais inventé une
machine si peu compliquée soit-elle ? A-t-elle
jamais découvert un continent ? trouvé un
théorème, sculpté une statue, peint un tableau,
fait un poème ? Pour tout cela, il faut des originaux, et les originaux sont rares. Le corps

social, il faut bien le reconnaître, ne vit, ne grandit, n'arrive à parfaire le chemin du progrès
que grâce aux individus.

Mais, en même temps, il ne faut pas oublier
que l'individu n'est pas une entité, qu'il n'existe
que dans l'humanité et par l'humanité. Considéré en lui-même, seul, l'individu n'est qu'une
abstraction vide. Pour être, j'entends une réalité
vivante, il a besoin de l'humanité.

Et voilà ce que pensait Rabelais et ce que
Panurge a répété d'après le maître en un langage élevé, noble en même temps qu'original,
singulièrement imaginé et pittoresque.

Jusqu'ici nous n'avons vu qu'un seul des côtés
de la politique, considérée sous le point de vue
spécial et restreint de gouvernement des peuples.
Mais il y a aussi les relations extérieures, dont le
règlement constitue la politique internationale
sous son double aspect économique et guerrier.

Or, il serait intéressant de connaître sur ce
point l'opinion de Rabelais. Que pensait-il de la
guerre, par exemple ?

A s'en tenir à certaines déclarations, où il
paraît donner son opinion personnelle, dans le
prologue du livre III notamment, on pourrait
croire qu'il n'eut pas pour la guerre cette aver-

sion que l'on se serait attendu à trouver chez celui que l'on a appelé le plus humain des humanistes.

« Peu de chose, dit-il, me retient que je n'entre en l'opinion du bon Héraclitus, affirmant guerre estre de tout bien père ; et croye que guerre soit en latin dite belle, non par antiphrase, ainsi comme ont cuidé certains rapetasseurs de vieilles ferrailles latines, parce qu'en guerre guère de beautés ne voyoient, mais absolument et simplement par raison qu'en guerre apparoisse toute espèce de bien et beau, soit décelée toute espèce de mal et laideur (1). »

Cette conception de la guerre a été exposée et défendue avec beaucoup de talent par un philosophe éminent. Proudhon, qui n'en était pas à un paradoxe près, a soutenu que la guerre est un fait divin, une révélation de la justice et de l'idéal.

Quant à Rabelais, le passage que j'ai cité serait une simple allusion à la reprise des hostilités entre François Ier et Charles-Quint, et peut-être n'est-il pas tout à fait exempt d'ironie. En tout cas, ce n'est pas lorsque notre armée était en campagne que Rabelais pouvait songer à

1. Prologue du livre III.

condamner la guerre ; et en admettant qu'il lui
eût été hostile en principe, le moment était mal
choisi pour dire toute sa pensée. Au contraire,
et par un sentiment tout naturel de patriotisme,
il s'applaudit des avantages que son pays en
pourra retirer, car dit-il, « désormais sera France
superbement bournée ; seront Français en repos
asseuré ».

En l'espèce, le meilleur interprète de Rabelais
est encore le bonhomme Grandgousier. Les propos qu'il tient à l'occasion de la guerre picrocholine et sa conduite en toute cette affaire sont
d'un pacifiste convaincu.

A la suite d'une discussion survenue entre les
fouaciers de Lerné et des vendangeurs de Grandgousier, dispute qui n'avait pas tardé à dégéné-
rer en rixe sanglante, Picrochole, « le pauvre
cholérique », à la tête de son armée, était entré
sur les terres de Grandgousier, sans déclaration
de guerre préalable, et s'était emparé traîtreu-
sement de la Roche-Clermault. Cette façon d'agir
de la part d'un ami ancien, auquel jamais il
n'avait fait déplaisir, bien plutôt l'avait secouru
de son argent, de ses faveurs et de ses conseils, jette en grand émoi le bonhomme Grandgousier, et devant ses gens assemblés il se
répand en plaintes amères, moins pour l'issue de

cette guerre qui ne lui donne aucune inquiétude, car il a pour lui le bon droit, que pour la guerre elle-même et le dommage qu'elle pourra causer à ses sujets.

« Las ! ma vieillesse ne requeroit dorenavent que repos, et toute ma vie n'ay rien procuré que paix ; mais il fault, je le voye bien, que maintenant de harnois je charge mes pauvres épaules lasses et faibles, et en ma main tremblante je prenne la lance et la masse, pour secourir et guarantir mes pauvres subjects. La raison le veut ainsi... Ce non obstant, je n'entreprendray guerre que je n'aye essayé tous les arts et moyens de paix, là je me resouls (1). »

A plusieurs reprises il revient sur la même idée, dans une lettre à Picrochole, dans les instructions diplomatiques qu'il donne à son plénipotentiaire Ulric Galet, et dans l'épitre qu'il adresse à son fils Gargantua alors à Paris, où il faisait ses études.

« Ma déliberation n'est de provoquer, ains d'apaiser ; d'assaillir, mais de defendre ; de conquester, mais de garder mes féaux sujets et terres hereditaires (2). »

Et pour prouver combien il lui déplait de

____

(1) Liv. i, chap. xxviii.
(2) Liv. i, chap. xxix.

« lever guerre », il fait offrir à son ennemi une indemnité bien supérieure au dommage qu'on lui avait causé.

Lorsque Rabelais parle de la guerre, il ne se place pas au point de vue courant de gens, et c'est la majorité, qui en font une question de sentiment et d'esthétique. Le sentiment, d'ailleurs, lui serait plutôt favorable. C'est ce que pense Proudhon :

« Qu'estime surtout la femme dans son compagnon ? se demande-t-il. Le travailleur ? Non. L'homme de guerre !... Son cœur est au militaire. Aux yeux de la femme, le guerrier est l'idéal de la dignité virile. » Le peuple, qui se laisse guider par le sentiment plus volontiers que par la raison, est de l'avis de la femme. Les légendes qu'il affectionne le plus, ses chants de l'atelier associent fréquemment l'amour et la guerre. Mars fut toujours ami de Cythérée.

Proudhon, que l'on me permettra de citer encore, parce qu'en cette matière son opinion a un certain poids, fait remarquer qu'au jugement de tous les peuples il n'est rien de plus beau à voir, de plus magnifique que la guerre. Ainsi, la Bible, lorsqu'elle veut peindre la beauté de la Sulamite, la compare à une armée. « Tu es belle, ô ma bien-aimée, s'écrie l'époux de Can-

tique des Cantiques, tu es imposante comme
une armée rangée en bataille. »

Rabelais ne fait pas autre chose, lorsque, pour
être agréable à François Ier, il déclare la guerre
belle. « Le roy sage et pacifique Salomon n'a
sceu mieulx nous représenter la perfection indi-
cible de la sapience divine que la comparant à
l'ordonnance d'une armée en camp bien équipée
et ordonnée. »

Mais, je l'ai déjà dit et crois l'avoir démontré,
l'opinion personnelle de Rabelais n'est point dans
le passage d'occasion que j'ai cité, mais bien plutôt dans ce propos du bonhomme Grandgousier :

« Le temps n'est plus d'ainsi conquester les
royaumes, avec dommaige de son prochain
frère christian : cette imitation des anciens
Hercules, Alexandres, Hannibals, Scipions, Césars, et d'aultres tels, est contraire à la profession de l'Évangile, par lequel nous est commandé garder, saulver, régir et administrer
chascun ses pays et terres, non hostilement
envahir les aultres. Et ce que les Sarrasins et
barbares appelloient prouesses, maintenant nous
appellons briganderies et meschancetés (1). »

Et plus loin, Rabelais, résumant toute sa pensée, fait dire à Pantagruel que « sa fin n'estoit de

____

(1) Liv. I, chap. XLVI.

piller ni arrançonner les humains, mais de les enrichir et *réformer en liberté totale.* »

Réformer en liberté totale! Je ne crois pas que la Révolution française ait formulé plus fière devise, lorsque ses volontaires parcouraient l'Europe, portant aux peuples frères la *Déclaration des droits de l'homme* dans les plis du drapeau tricolore.

La guerre n'a rien à faire pas plus avec le sentiment qu'avec l'esthétique. La question est plus haute et touche à la morale. Si la guerre est odieuse, c'est parce qu'elle est inhumaine, contraire aux lois de la nature.

Que dans l'origine la guerre ait existé entre des individus ou des collectivités, il n'y a rien qui puisse nous émouvoir. Nous savons, en effet, que, pour se constituer, l'individu a dû s'opposer à son semblable. Mais aujourd'hui la guerre ne se comprend plus : elle est tout à la fois imbécile et criminelle.

« Le temps n'est plus d'ainsi conquester les royaumes avec dommaige de son prochain, et ce que l'on appellait autrefois prouesses, maintenant nous l'appellons brigaderie et méchanceté. »

Il est une question voisine de celle que je viens d'exposer, dont elle est, en quelque sorte,

un corollaire naturel et sur laquelle Rabelais
s'est exprimé en des termes que l'on est surpris
de trouver chez un homme de son époque. C'est
la question de colonisation.

Il serait inutile de le nier, l'expansion coloniale est pour les pays de production plus qu'un
besoin ; c'est une nécessité, une loi économique
à laquelle ils sont tenus d'obéir.

Lorsque, par l'application de la science à
l'agriculture d'une part, l'introduction des ma-
chines dans l'industrie d'autre part, la surproduc-
tion est arrivée à son apogée, il a bien fallu
trouver des débouchés sous peine de mourir
de pléthore. On les a cherchés chez les peuples
les moins avantagés, en utilisant les marchés
existants, en en créant là où il n'y en avait
pas. Jusque-là, rien que de très naturel et légitime. Seulement il est arrivé que cette pénétration des tribus barbares et des pays pauvres
par les nations civilisées et riches, de pacifique
qu'elle était d'abord et essentiellement économique, n'a pas tardé à subir des transformations
qu'il était d'ailleurs facile de prévoir. Les marchands de la première heure sont devenus les mer-
canti ; ceux-ci, des colons ; la pénétration pacifique a fait place à l'invasion à main armée ; la
colonisation est devenue le vol et la conquête.

Ai-je besoin de dire que Rabelais entend la colonisation d'une tout autre manière? Ayant à transporter une colonie d'Utopiens en Dipsodie, Pantagruel n'y envoie ni soldats, ni fonctionnaires, mais bien des « artisans de tous métiers et professeurs de toutes sciences libérales, pour le dit pays refraîchir, peupler et aorner, mal autrement habité et desert en grande partie (1). »

En principe Rabelais n'est point hostile à ce que nous appelons aujourd'hui la politique coloniale, pourvu toutefois que l'on applique à ce fait spécial de la politique sa méthode, qui consiste à prendre pour règle en toutes choses les lois de la nature.

Il veut que l'on traite avec humanité les peuples dont l'infériorité momentanée a été consacrée par le sort des armes.

« Comme enfants nouvellement nés, les fault alaicter, bercer, esjouir. Comme arbre nouvellement planté, les fault appuyer asceurer, defendre de toutes vimères, injures et calamités. Comme personne sauvée de longue et forte maladie, et venant à convalescence, les fault choyer, espargner, restaurer : les soulageant des monstres, oppressions, exactions et tyrannies ; en bon traictement les gouvernant, en equité et jus-

1) Liv. III, chap. I.

tice les maintenant en bénigne police et loix convenantes à l'assiète des contrées. »

Et comme nous sommes loin des façons d'agir communément employées par les gouvernements qui, par-dessus tous autres, ont renom de sagesse et font parade de leurs sentiments de justice et d'humanité.

Si imparfaite que soit cette analyse, on s'aperçoit aisément que Rabelais avait sur les choses en général, en particulier sur l'homme, considéré soit en lui-même, soit dans la société, des idées autrement sages, adéquates et pratiques que la plupart de celles qui ont cours aujourd'hui, même parmi nos hommes de gouvernement. Ce n'est pas lui qui se serait imaginé de faire de l'individu et de la société deux entités indépendantes, opposables l'une à l'autre ; qui aurait commis la faute d'enfermer l'esprit humain dans ce dilemme : individualisme ou socialisme, où viennent chaque jour échouer nos hommes politiques, pour n'avoir pas voulu comprendre qu'en agissant ainsi ils organisaient un état contre nature, condamné à osciller entre le despotisme et l'anarchie. Combien plus humaine, plus vraie la doctrine de Rabelais, dont la formule a été donnée de nos jours par Pierre Leroux : *l'individu complet dans la société complète !*

CHAPITRE V

LE MORALISTE

Parler de morale à propos de Rabelais est pour
le moins hardi, si ce n'est autre chose qu'un
simple paradoxe. Rabelais moraliste ! Mis ensemble, ces deux mots ricanent. Savant ! passe
encore ; la science en soi, n'est pas ennemie d'une
certaine gaieté, mais la morale est une grande
dame, qui n'aime point à rire, et si vous lui dites
que Rabelais a résumé tous les devoirs dans ce
simple commandement : « Pensez vivre joyeux ! »
elle poussera des cris de vertu qu'on outrage. Et
pourtant, bien avant l'auteur du *Pantagruel*,
saint Paul avait dit la même chose : « Soyez
toujours joyeux ! »

Sans doute Picrochole exagère quand il traite
Grandgousier de « grand vilain humeux ». Cependant, on ne voit pas très bien ce que l'on pour-

rait gagner, pour l'esprit et pour le cœur, en la compagnie du bonhomme.

Quant à Gargantua et à Pantagruel, personne que je sache ne leur a jamais refusé certaines qualités, rares quelques-unes, de bonne humeur, de bonhomie, de justice même, un gros bon sens, une gaieté intarissable, mais qui sont qualités de tempérament et de caractère plutôt que vertus morales. C'est au bruit des flacons, le plus souvent, que s'épanouit leur sagesse, et leur éloquence royale ne va guère au delà des propos de table. Joyeux convive n'est pas nécessairement professeur de morale, et peut-être ne serait-il pas prudent de s'en rapporter aux héros de Rabelais pour la conduite de la vie.

Pour ce qui est du moine, le plus délibéré compagnon qui onques fut, frère Jean est si peu moine que difficilement en trouverait-on qui le fut moins que lui, à l'étiquette près, « beau dépê-cheur d'heures, beau débrideur de matines » : et ce n'est certes pas lui que l'on recommande-rait comme guide d'homme et maître de morale. Il en convient d'ailleurs lui-même et s'en vante, avec cette belle humeur qui est le trait dominant de cette figure inénarrable : « Comment pourrais-je gouverner autrui qui moi-même gouverner ne saurais. »

Je ne dis rien de Panurge. Les polissonneries dont il est coutumier le rendent suspect. Et quelle confiance veut-on que l'on ait en un homme qui, pour résoudre ses doutes sur le cas de mariage, met en mouvement tout le royaume et entraîne Pantagruel, son maître, en l'interminable et fantastique voyage qui remplit les deux tiers au moins du livre ?

Voilà ce que l'on dit.

Eh bien ! je n'en suis pas moins, je le confesse, « par diamètre entier », contraire à cette opinion. Chez Rabelais le ventre et le gros rire, les royales lampées et les beuveries interminables sont une enseigne derrière laquelle s'agitent des pensées profondes et pleines de sagesse. Quoi qu'on en dise, son livre est bon, et plus apte à remettre l'homme en état « de perfection assurée », qu'aucuns traités des sages, philosophes et autres professeurs de morale de tous pays, religions et sectes qui ont écrit sur la matière.

Ce que j'en dis n'est point, comme on pourrait le croire, par simple raison de sympathie personnelle : mais en l'état où se débat la morale traditionnelle, il n'est peut-être pas inutile de revenir à la morale de Rabelais, la plus simple qui soit, honnête, débarrassée de tout appareil dogmatique, positive plus qu'aucune,

en même temps humaine et essentiellement na-
tionale ; j'entends par là que mieux que toute
morale d'importation étrangère, d'origine religieuse ou métaphysique, elle répond au tempérament de notre nation et s'adapte merveilleusement à sa mentalité. On ne saurait le nier,
nous vivons dans un état de malaise général,
universel ; il est dans la politique, dans les relations économiques, dans la philosophie, la religion, la littérature elle-même. L'équilibre, sans
lequel les sociétés pas plus que les individus
ne sauraient vivre et prospérer, est plus que
jamais instable. Nous sommes à un de ces
tournants de l'histoire, où l'on perd de vue le
passé, sans pouvoir encore rien affirmer ni prévoir de l'avenir. L'antique demeure des ancêtres, lézardée, menace ruine et déjà s'effondre,
et l'habitation qui doit nous abriter n'existe pas
encore, faute de fondations et des matériaux in-
dispensables pour la construire.

Les causes de ce désarroi sont multiples,
dont la principale est la crise que traverse la
morale. La religion et la métaphysique, qui
jusqu'à présent avaient eu la prétention de lui
fournir le seul appui raisonnable, ont fait fail-
lite à leurs engagements. Du coup, la morale a
perdu son caractère obligatoire, jusqu'à ce

qu'on lui ait trouvé une base positive, qui n'ait rien à redouter du libre examen ni de l'expérience scientifique. Or, il faut bien comprendre que toute sanction, pour être valable, doit être tout à la fois extérieure et intérieure au moi. Et c'est la raison pour laquelle on s'est adressé à la science ; car, en vertu même de son caractère expérimental, elle est en même temps dans le phénomène et dans la raison.

D'ailleurs, il appartenait à la science qui a déterminé la crise actuelle par sa critique des croyances religieuses et des principes à priori, de reconstituer la morale sur des bases positives.

Quand je parle de science, il est bien entendu qu'il s'agit de la science en général ; car il ne faudrait pas s'imaginer que la mathématique comme telle, ou encore l'astronomie, la chimie, ou même les sciences naturelles soient capables de constituer une morale ? A elles seules elles ne sauraient y suffire, leur recherche n'ayant qu'un rapport indirect et éloigné avec la conduite de la vie ; mais elles peuvent y contribuer, ne serait-ce qu'en nous donnant une idée des lois de la vie et en nous fournissant les éléments d'une méthode. C'est dans ce sens que Leibniz a pu dire qu'il y a de la morale partout, jusque dans la géométrie. Anatole France a exprimé quelque part la même idée, sous une forme plus moderne : « Je sais qu'il n'est point de certitude hors la science ; mais je sais aussi que les vérités scientifiques ne valent que par les méthodes qui y conduisent » ; et il ajoute cette réflexion qui donne à penser : « Ces méthodes sont inaccessibles au commun des hommes. »

Est-ce à dire, qu'au regard de la science, la masse en soit réduite à un acte de foi? Peut-être ; mais cette nécessité n'a rien qui doive nous émouvoir. Parce que l'on accepte un fait dont on ignore la nature intime, pour la raison qu'il a été rendu évident par l'expérience, il ne s'en suit pas que l'on ait la foi dans le sens que les religions donnent à ce mot. Assurément non. La croyance qui se fonde sur l'évidence n'a rien de commun avec la foi qui croit contrairement à l'évidence, suivant la parole de saint Augustin : *Credo quia absurdum.*

Je me résume, car il est temps d'aborder de front mon sujet, la morale selon Rabelais.

Il faut bien comprendre qu'il ne s'agit point de créer de toute pièce une morale nouvelle, car, malgré la diversité des points de départ, les morales ne diffèrent pas essentiellement, la na-

ture humaine étant une, mais de trouver un
principe fondamental, évident, qui donne à la
morale une autorité suffisante.

Or, ce principe existe, il est tout près de nous,
à la portée de quiconque. Pour le trouver, pour
le saisir, il suffit de revenir à la nature que l'on
avait désertée et méconnue. Vivre selon la nature, tout est là.

Tout cela est vieux comme le monde, et l'on
s'étonne que l'on ait tant tardé à s'en apercevoir. Dans un siècle où tous les dogmatismes
faisaient rage, Rabelais a eu le grand mérite de
professer une morale indépendante, positive,
humaine, fondée sur l'observation scientifique
des lois de la nature et de l'homme. Ce grand
esprit, en effet, ne s'est pas contenté de dire :
Vivez selon la nature ! il a fait plus et mieux ;
il s'est surtout proposé de « remettre l'homme
en nature ».

Remettre l'homme en nature ! Cela n'a l'air
de rien. Il y a pourtant dans ces simples mots
tout un programme de discipline morale, le plus
vaste, le plus complet qui se puisse concevoir.

Grand savant, instruit dans les sciences naturelles, Rabelais ne se faisait aucune illusion
sur les avantages pratiques que le commun des
hommes peut tirer de l'étude ardue et compli-

quée des lois de la nature prise dans son ensemble ; mais il savait, d'autre part, que l'homme est un sujet d'observation à la portée du grand nombre ; non point assurément sous le rapport de la science anatomique ou psychologique, mais plutôt considéré en lui-même, l'homme en action en la multiplicité de ses manifestations, qui sont comme le graphique fidèle et vivant de son être.

Car la méthode de Rabelais diffère essentiellement de celle employée communément par les philosophes et les psychologues.

Tandis que pour eux l'homme est formé de deux éléments absolument indépendants, n'ayant entre eux qu'un rapport de juxtaposition formelle, le corps et l'esprit, Rabelais professe que la distinction entre la nature physique et la nature morale n'a aucune valeur objective, qu'elle n'intéresse que l'observateur en lui facilitant ses analyses ; enfin, que dans la réalité nous n'avons qu'une nature indivisible. Ce qu'est cette nature, il n'en a nul souci, pourvu qu'il en ait bien saisi les phénomènes. Rabelais veut l'homme tout entier, l'homme complet, cerveau, cœur et ventre indivisiblement unis, l'homme vivant avec ses instincts, ses passions, ses vertus et ses vices. Là est le caractère propre de la mo-

rale rabelaisienne : morale essentiellement réa-
liste et dans le bon sens du mot, par opposition
aux hypothèses d'une métaphysique aux décors
incessamment changeants et aux affirmations
généreuses, mais indémontrées, du mysticisme.

Rabelais avait compris qu'il faut de l'anima-
lité pour faire de l'idéal. « L'homme n'est ni ange
ni bête », a dit Pascal. Singulier rapprochement,
on en conviendra, et inattendu : le philosophe
de Port-Royal donnant raison au pantagruélisme.

On aura beau faire, le principe de la morale
ne peut être qu'une loi tirée de l'univers, de la
nature de l'homme en particulier, ce microcosme qui est l'image parfaite du Grand Tout.
C'est bien ce que pensait Rabelais. Aussi a-t-il
fondé sa théorie des devoirs sur l'expérience,
qui seule satisfait à toutes les conditions de la
certitude.

Il ne faudrait pourtant pas s'attendre à trouver chez lui une définition de l'homme, suivant
la signification que l'on donne communément à
cette expression. A quoi bon, d'ailleurs ? Une
définition, si adéquate soit-elle, ne donne jamais
qu'une idée abstraite de l'objet.

Pour ce qui est de l'homme, c'est une erreur
de croire que l'on puisse l'observer directement ?

Vu en lui-même, le moi est vide, à tout le moins n'est-il qu'une réunion de virtualités.

Les psychologues se trompent, qui prétendent que le moi peut s'observer directement. Combien de romanciers commettent cette erreur, dont les personnages sont autant de mannequins construits de toutes pièces pour la circonstance, que l'on démonte à volonté, mais chez lesquels on chercherait vainement quelque chose qui rappelle les vertus et les passions humaines ; car ce qui leur manque le plus, c'est la vie.

Non ! le moi n'est pas directement observable ; encore moins peut-on affirmer qu'il se prend lui-même comme objet de son étude. Autant vaudrait soutenir qu'un acteur est en même temps sur la scène et au parterre, qu'au même instant il joue et se regarde jouer.

Rabelais s'est bien gardé de tomber dans cette erreur. Il observe l'homme dans ses actes, dans son œuvre, dans ses manifestations extérieures, dans l'histoire, hors de chez lui pour ainsi dire. Son homme n'est point dans un endroit particulier de son livre, il est partout ; il s'appelle en même temps Gargantua, Pantagruel, Panurge ; il est dans ces moines tour à tour ridicules et méprisables, et cependant hu-

mains : amalgame de défauts et de qualités, de
vices et de vertus.

« La morale, a dit un philosophe contemporain,
est l'art de céder à la nature. » Cette opinion d'un
homme aimable et de caractère heureux est vraie,
pourvu que l'on ne fasse pas de l'homme et de
la nature deux choses opposables, comme seraient deux entités distinctes.

Pour moi, je préfère la définition de Rabelais :
remettre l'homme en nature ; plus vraie, plus
humaine et qui laisse entrevoir entre les deux
termes plus qu'un simple rapprochement fortuit,
un lien essentiel et nécessaire.

Lorsqu'il résumait en cette phrase lapidaire
son programme d'éducation morale, Rabelais
ne s'inquiétait point de savoir si, conformément à une légende célèbre, l'homme actuel
serait le résidu d'une chute primitive ; ou bien
encore si d'après une théorie qui a de nombreux
partisans, il ne serait pas un animal perfec-
tionné, un descendant du singe.

La nature, telle qu'il la comprend, est tout
autre chose ; c'est moins un état premier qu'un
but ou mieux une fin : elle est plutôt dans l'avenir que dans le passé : elle est tout le passé et
tout l'avenir réunis, faite non point de qualités
ou facultés innées, mais bien d'innéités, qui son

une tendance à efforts soutenus et progressifs.

La nature à laquelle Rabelais prétend ramener l'homme n'est autre chose que l'idée d'humanité, telle qu'elle se dégage de l'observation et de l'étude patiente du milieu, de l'environnement de l'histoire même du moi ; c'est un idéal qui a ses racines dans le réel.

On a beaucoup disserté, discuté, disputé sur l'essence de l'homme et sur ses origines. Les uns ont prétendu qu'il est naturellement bon ; d'autres sont d'un avis contraire et soutiennent qu'il est mauvais par nature. Le problème ainsi posé est insoluble, et jamais Rabelais ne l'eût accepté sous cette forme. Le mot bon est, en effet, impropre ; il appartient à la sensation et par voisinage au sentiment et l'on ne voit pas bien en quoi il intéresse la conscience. L'essentiel n'est pas de savoir si l'homme est bon, mais si tel qu'il est il est bien, c'est-à-dire s'il occupe dans l'harmonie universelle la place qui lui est assignée, ce que les Anglais appellent *right*, qui est rectitude de l'esprit, droiture morale, règle de la vie.

Rabelais ne pensait pas autrement. Le souverain bien est pour lui une question d'équilibre. Le but de la morale est de maintenir l'homme sur son axe : remettre l'homme en nature.

Tout le pantagruélisme, ainsi nommons-nous la morale de Rabelais, tout le pantagruélisme est dans ce mot.

On le voit, ce n'est pas seulement la conception traditionnelle du devoir qui est changée, mais l'idée même de la vie. Et combien tout à coup elle apparaît large, élevée, sereine, dégagée des fatalités sombres et des nécessités redoutables, en lesquelles les religions et la métaphysique l'avaient enfermée. Désormais la vie n'est plus condamnée à se mouvoir dans un cercle où le mal et le bien irréductibles seraient éternellement en lutte. Appelée à se développer au milieu des contingences dont les accidents naturels se fondent et s'harmonisent dans la synthèse universelle, la vie est bonne quoi qu'on en dise. Car je ne saurais trop le répéter, nous ne sommes pas dans la nature comme autant d'êtres distincts et indépendants, nous sommes cette nature elle-même, et la nature c'est nous ; le bleu infini avec ses astres d'or, la lumière qui est chaleur et force et vie, c'est encore nous ; nous en sommes la pensée, roseaux pensants et le mal n'apparaît, passager et relatif, que lorsque, méconnaissant les lois de la nature, nous introduisons le désordre dans cette harmonie.

C'est aussi ce que pensait Rabelais, que la vie est bonne, que le bonheur est subjectif et qu'il procède de la conscience dans un état déterminé : « Je reconnais en eux tous une forme spécifique et propriété individuale, laquelle nos majeurs nommaient pantagruélisme, moyennant laquelle jamais en mauvaise partie ne prendront chose quelconque. »

Tel était l'état d'âme de Pantagruel, « l'idée est exemplaire de toute joyeuse perfection ». Il prend toutes choses en bonne part, interprète tout à bien, « bienveillant envers tous, à l'exception des lâches, des hypocrites de mœurs et de croyances, des mangeurs et des buveurs, créatures paresseuses, poids et charge inutile de la terre ».

Aussi quel bon sens, quelle juste mesure en toutes choses chez ce géant, « le meilleur et le plus grand petit bonhommet qui oncques ceignit épée ». Dignité, gravité, sobriété, — Rabelais dit *sobresse*, — vaillance de cœur, intelligence, respect filial, humanité éclatent partout dans ses dits et gestes, une sérénité sans égale, qu'il ne faut pas confondre avec le désœuvrement égoïste de certains esprits que rien n'émeut parce que rien ne les intéresse, et, par-dessus toutes ces qualités, la pleine possession de soi-même et cette grandeur d'âme que Rabelais qualifie de « certaine gaieté d'esprit conficte en mépris des choses fortuites ».

Fière et belle devise, qui laisse bien loin derrière elle ce que les moralistes ont proposé comme ligne de conduite et règle de la vie.

Abstine ! Sustine !

Depuis Zénon et Épicure, les philosophes n'ont rien trouvé de mieux à nous dire, comme s'il y avait quelque chose de moral dans cette désertion de la vie par l'abstinence ou le mépris. On ne gagne rien à ignorer ni à combattre la nature ; à la pratique, l'abstinence forcée et la résistance outrée mènent l'une et l'autre au naufrage de la moralité. « L'*abstine, sustine*, a dit Renan, n'est pas tout, la vie doit aussi pouvoir se résumer en « sourire et jouir ».

« Certaine gaieté d'esprit conficte en mépris des choses fortuites ! »

On comprend maintenant pourquoi ce livre est si joyeux. La joie y est partout, dans les discours et dans les âmes ; sereine, douce, sincère, aimable, communicative, naturelle, un état coutumier des esprits sans éclat, rien de factice, rien de frivole ; la sagesse pratique dominant de haut, à l'abri des petitesses qu'engendrent le dédain ou l'indifférence, les contingences extérieures et intérieures : certaine gaieté d'esprit confiete en mépris des choses fortuites.

Cet état particulier de l'âme a pour forme le rire. Oh ! non point ce rire banal, épanouissement facile des esprits sans profondeur, de ce rire méchant que provoque chez certaines âmes sans pitié la vue des travers, des défauts, des difformités et souvent des fautes et des malheurs d'autrui, pas même ce sourire mondain qui ne va jamais sans quelque souci d'intérêt égoïste et de préoccupations personnelles. Le rire de Rabelais est bon, honnête ; c'est le trait caractéristique de l'espèce, ce qu'il y a de plus humain en nous, ce qui nous distingue de la bête et nous met au-dessus d'elle.

« Rire est le propre de l'homme. »

La joie, telle que la comprend Rabelais, est avant tout un fait de conscience ; c'est le résumé de la morale.

« Pensez vivre joyeux... aultre soing ne soit receu au sacrosaint domicile de votre celeste cerveau. La sereuité d'iceluy jamais ne soit troublée par nuée quelconque de fascherie. »

« Vivez joyeulx ! » C'est un commandement. Ces mots se trouvent imprimés en gros caractères en tête de l'édition du *Gargantua* de 1535 : et le *Pantagruel* se ferme sur cet adieu : « Allez,

amis, en gaîté d'esprit ! » C'est l'abrégé de toute
la sagesse du livre et le fondement de ce que
Rabelais appelle « la foi profonde ».

Comme cela est français et vaut mieux que
toutes les philosophies d'importation étrangère
ou renouvelée des anciens !

Jamais homme ne fut plus sérieux que Rabelais et grave sous les grelots de la folie.

Nul n'est plus humain, plus honnête et plus
moral que ce bouffon de génie. Son livre est
moins un recueil d'histoires plaisantes qu'un
manuel de sagesse, — j'allais dire une bonne action. Aussi peut-il dire hardiment, en en ouvrant
les pages :

« Lisez, entrez, c'est ici que l'on fonde la foi
profonde. »

CHAPITRE VI

RABELAIS ET LA FEMME

« Comment Panurge fut amoureux d'une haulte dame de Paris. » Les écoliers qui se contentent de feuilleter le livre s'arrêtent de préférence à ce chapitre et autres du même tonneau, où la verve égrillarde de Panurge se donne libre carrière, et volontiers s'imaginent que Rabelais est tout entier dans ces joyeusetés et verts propos. Ils en concluent que l'œuvre du grand satirique est pareille à ces romans à femmes qui s'étalent au rez-de-chaussée des quotidiens à succès ; aventures louches, aux vêtements lâchés, facilement licencieuses sous le couvert et patronage de la petite morale des familles.

Quant aux lecteurs qui se sont donné la peine de briser l'os médullaire, ces histoires grasses, qu'une pointe d'esprit gaulois assaisonne et relève, sont pour eux enluminures et petites illustrations en marge du livre, auxquelles on sourit en passant, sans pour cela se laisser un instant distraire des richesses de toute nature dont le texte abonde et déborde.

Il n'est peut-être point de livre où le nom de la femme revienne plus souvent que dans le *Gargantua* et le *Pantagruel*. Pouvait-il en être autrement dans un roman dont Panurge est le personnage le plus en vue, que Rabelais a dépeint « bien galand homme de sa personne, si non qu'il était quelque peu paillard ». Il est des grâces d'état qui font loi. Quant à frère Jean, vrai moine si oncques fut depuis que le monde moinant moina de moinerie, rien d'étonnant qu'il ait introduit dans la compagnie dont il fut le plus bel ornement les mœurs et coutumes de de son temps; dont le froc n'était pas seulement « médecine à couardise de gens », mais encore guérissait diverses maladies de *frigidis et maleficiendis*; si que, d'après frère Jean lui-même, il n'est puissance au monde tant féconde que l'ombre du clocher ou d'une abbaye.

Ajoutez que les deux tiers du livre roulent sur cette question posée par Panurge, à travers mille propos joyeux et divers : me dois-je marier ou non ?

Eh bien, chose singulière, la femme est à peu près absente de cette œuvre énorme. Si l'on y rencontre, et à tout propos, ce que frère Jean appelle « le féminin genre », la femme, au sens coutumier et propre du mot n'y est point : j'entends mère de famille, ayant dans la société rang honorable et comme il convient. Les femmes que l'on rencontre dans la grande comédie rabelaisienne n'y tiennent aucun rôle essentiel ou quelque peu en vue ; elles n'y figurent qu'accidentellement et à titre d'utilités.

Si encore, au terme du long voyage entrepris par Pantagruel et dont le récit circonstancié remplit plus de la moitié du livre, il était dit un mot de la femme ! Mais rien.

L'oracle de la Dive Bouteille parle de tout autre chose et ne paraît pas se douter qu'il s'agit en réalité du mariage de Panurge. « Trincq ! » Voilà la seule réponse aux perplexités de l'ami de Pantagruel. Trincq ! et c'est pour ce mot que Panurge a entraîné Pantagruel en un long voyage et périlleux par la marine ; qu'il a tour à tour interrogé les dés, Homère et Virgile, les songes, la sibylle de Panzoust, Nazdecabre, Raminagrobis, Her Trippa, frère Jean des Entommeures son ami ancien, qui joyeusement le conseille et le réconforte sur le doute de cocuage, un théologien, Hippotadée un médecin Rondibilis, un philosophe, Trouillogan, enfin un fol, Triboulet, le plus sage de tous. Aucune des réponses qu'il a reçues n'ayant pu le satisfaire, toutes péremptoires, topiques, claires, précises sur le cas particulier de mariage, Panurge interroge l'oracle de la Bouteille, et la Bouteille répond : « Trincq ! »

On lui dit bien que « de vin, divin on devient », mais de mariage, de femme il n'en est plus question. Panurge n'en demande pas davantage et il part content.

Cet oubli de la femme n'est pourtant pas si absolu que l'on ne puisse relever, dans l'œuvre de Rabelais, un certain nombre de propositions brèves, mais claires et significatives dont l'ensemble fournirait les éléments d'une doctrine. On peut citer, entre autres, les chapitres du *tiers* livre, qui rapportent la consultation de Rondibilis et d'Hippotadée.

Panurge est tout à coup pris d'un désir immodéré de convoler en justes noces. Mais au moment de prendre une résolution irrévocable, il est arrêté par des scrupules qu'il expose avec une richesse de considérants à rendre soucieux les plus résolus. Ce polisson, qui juge les femmes à son aune et qui se glorifie d'en avoir mis à mal autant et toutes les fois qu'il a voulu, et même davantage, redoute la fragilité du sexe aimable. Non point que l'état de mari trompé ait en soi rien de désobligeant, mais l'insigne de cette fonction est, en général, motif à raillerie, dont Panurge a plus souci que de tous autres inconvénients. Et puis, après avoir dépensé une bonne partie de son capital de jeunesse, il craint qu'il ne lui en reste pas assez pour satisfaire les exigences légitimes de sa créancière légale. Dans cette extrémité il se conseille à ses amis pour savoir s'il doit se marier. La consultation est longue et variée; les réponses sont à double entente, assez bien représentées par le son et brimbalement des cloches : « Marie-toi, marie-toi, marie, marie ; si tu te maries, maries, maries, très bien t'en trouveras, veras, veras, veras ; marie, marie. » Et Panurge exulte et jure de se marier tôt et sans plus arrêter. Mais voici que les cloches changent de ton : « Marie point, marie point, point, point, point; si tu te maries, maries, maries, maries, tu t'en repentiras, tiras, tiras ; cocu seras. »

Le pauvre Panurge n'y comprend goutte et pour peu se donnerait à mille millions de diables, n'était le bon Pantagruel qui entreprend de le consoler et lui amène, entre autres, un théologien, un médecin, un philosophe, tous gens capables de donner un avis motivé et désintéressé sur l'entreprise de mariage.

Il y a là une trentaine de chapitres d'une gaîté, d'un entrain sans pareils. Toutes les variétés de style s'y trouvent réunies ; la fantaisie y coudoie ce bon sens exquis, qui est le fond du génie rabelaisien. Et quelle richesse d'observations; quelle connaissance du cœur humain ; comme tout cela est bien vu, et conté avec quelle finesse !

Mais, interrogeons le médecin Rondibilis. Il commence par nous dire que « amourettes sont passion d'esprits otieux », que « paillardise est l'occupation des gens non autrement occupés ». Mais ce ne sont là que bagatelles de la porte, et tout aussitôt Rondibilis s'engage en un long propos, terriblement physiologique, où il prouve, par Hippocrate plus Galien, que toutes les femmes sont légères, inconstantes et infidèles, non par impudicité ou quelque vice d'esprit, mais parce que femmes.

« Le naturel des femmes nous est figuré par la lune, et entre aultres choses, et en ceste qu'elles se mussent, elles se contraignent et dissimulent en la veue et presence de leurs mariz. Iceux absents, elles prennent leur advan-

laige, se donnent du bon temps, vaguent, trot-
tent, déposent leur hypocrisicie et se déclairent.
Comme la lune en conjonction du soleil, n'appa-
roists au ciel, ne en terre ; mais, en son opposition, estant au plus du soleil esloignée, reluist
en sa plénitude, et apparoist toute, notamment
au temps de nuyt. Ainsi sont toutes les femmes.

« Quand je dis femme, je dis un sexe tant
fragile, tant variable, tant muable, tant incons-
tant, et imperfaict, que nature me semble (parlant en tout honneur et révérence) s'estre es-
garée de ce bon sens par lequel elle avoit créé
et formé toutes choses, quand elle a bâti la
femme. Et, y ayant pensé cent et cinq cent fois,
ne sçay à quoi m'en resouldre, sinon que, for-
geant la femme, elle a eu esgard à la sociale
delectation de l'homme, et à la perpétuité de
l'espèce humaine, beaucoup plus qu'à la perfection de l'individuale muliébrité (1). »

Ce jugement est dur, Rondibilis lui-même en
a le sentiment ; aussi se hâte-t-il de mettre
ces impertinences sur le compte de Platon.

« Certes Planton ne sait en quel rang il les
doibve colloquer ou des animants raisonnables
ou des bêtes brutes. »

(1) Liv. III. chap. XXVII.

N'en déplaise à Platon, je préfère à sa sentence désinvolte et injurieuse l'opinion atténuée de Rondibilis. — lisez Rondelet, illustre médecin de Montpellier, ami de Rabelais, derrière lequel se cache et parle maître François. Plus indulgent que Rondibilis lui-même, qui refuse systématiquement à la femme toute espèce de vertu, la plus domestique et cachée soit-elle, moins sévère, plus juste surtout, Rabelais convient qu'il existe « des prudes femmes lesquelles ont vécu pudiquement et sans blâme » et qui ont eu la sagesse, le vouloir et la force de « soumettre leur nature à l'obéissance de raison ».

Ailleurs Rabelais — car c'est bien lui qui parle — décrit, en un langage magistral, la femme, ses organes essentiels et caractéristiques, dans leurs rapports avec ses états d'âme ; analyse physiologique et morale qui ne laisse subsister aucune incertitude sur la valeur intrinsèque et relative de la femme.

« Nature leur a dedans le corps posé en lieu secret et intestin, un animal, un membre lequel n'est ès hommes, par lequel tout le corps est ébranlé, tous les sens ravis, toutes affections interinées, tous pensements confondus. »

Est-il besoin de dire que ce membre intérieur, que Rabelais appelle un animal, n'est autre

que la matrice, centre véritable de la vie organique de la femme, et qui est avec sa mentalité
dans un rapport immédiat, constant et si étroit,
que sa moralité elle-même dépend en grande
partie du bon ou du mauvais état de cet organe
et de son fonctionnement. La maternité est la
dominante qui tient sous sa dépendance et en
sa sujétion tout l'être moral de la femme, vertus
et vices, fantaisies, caprices, joies, tristesses, colères, enthousiasmes, ses amours et ses haines.

Voilà ce que l'on oublie trop souvent. Sous prétexte d'égalité, égalité que personne d'ailleurs, ne
conteste, droit à la vie, au respect, à l'existence,
à l'influence, à la libre possession de soi, à la
joie, l'on prétend admettre la femme à des fonctions réservées jusqu'à ce jour aux hommes,
sans se douter du dommage irréparable qu'on
lui cause ; car de la fonction dépend la vie
de l'être.

Lorsqu'au moyen d'une orthopédie à rebours,
on aura rendu la mentalité de la femme identique à celle de l'homme, ses organes les plus
essentiels ne tarderont pas à s'atrophier ; ensemble elle perdra tout ce qui la faisait femme, son
charme souverain, sa grâce, sa force, son prestige, sa royauté. Pour être devenue propre à
toutes les fonctions, elle sera impropre à celles

de son sexe. L'égalité ne sera plus qu'une déchéance.

Voici maintenant le théologien. Dans un langage moins dévêtu, Hippotadée redit à peu près
ce qu'a exposé le médecin. La femme est, par
nature, inférieure à l'homme.

« Voyez comment la lune ne prend lumière
que du soleil son mari. »

C'est la doctrine orthodoxe. Bien avant Hippotadée, saint Paul avait dit : « L'homme est
l'image et la gloire de Dieu, tandis que la femme
est l'image et la gloire de l'homme. »

Rabelais approuvait-il les propos du père
Hippotadée et l'opinion de Rondibilis? Je ne
pense pas que son mépris pour la femme allât
aussi loin. Parmi tant d'impertinences, que de
paroles mises là par l'auteur en guise de protestation. Toutes les femmes ne sont pas futiles,
légères, semblables à ce miroir que les dorures
et les pierreries du cadre plus que la pureté de
la glace rendent précieux. Combien qui s'efforcent « avec Dieu soi former en bonne grâce et
conformer aux mœurs de leurs maris ».

En réalité, les femmes sont ce que les hommes
les font. Les défauts qu'on leur reproche sont
moins vices de nature que reflet et conséquences
des vices du mari.

« Vous de votre côté, l'entretiendrez en amitié conjugale, continuerez en prudhommie, lui montrerez bon exemple, vivrez pudiquement, chastement, vertueusement en vostre ménage comme voulez que de son côté vive ; car la femme est comme un miroir destiné à reproduire l'image du mari. Ainsi serez-vous à votre femme en patron et exemplaire de vertu et honesteté (1). »

Tout cela est bien de Rabelais. Il y a dans ces passages un accent personnel, qui ne permet de les attribuer à personne d'autre.

C'est encore lui qui parle du mariage en termes émus, où l'on sent comme un regret personnel :

« Le sage dit : « Là où n'est femme (j'entends « mère de famille en mariage légitime) le malade « est en grand estrif. » J'en ai vu claire expérience en papes, légats, cardinaux, évêques, abbés, prieurs et moines. »

Panurge, dans la bouche duquel Rabelais met cette tirade, eut-il jamais été capable de concevoir idée aussi calme et d'une vérité si bourgeoise ?

C'est encore Rabelais qui a pensé les paroles qu'il fait dire au bon Pantagruel : « Nous voyons

(1) Liv. III, chap. xxx.

bon nombre de gens heureux en ceste rencontre
celle qu'ils ont faite de la femme qui leur convient, que en leur mariage semble reluire quelque idée et représentation du paradis. »

Sans doute, Rabelais n'a pas eu sur l'égalité
naturelle et sociale de l'homme et de la femme
des idées qui datent d'hier, mais on conviendra
que le fondateur de l'abbaye de Thélème devait
avoir sur ce sujet une autre opinion que les
hommes du seizième siècle. « Fay ce que voudras ! » Cet ordre est donné aussi bien aux religieuses qu'aux religieux de Thélème. En fait
d'égalité voici, on en conviendra, qui n'est déjà
pas trop mal :

« Tant noblement estoient apprins qu'il n'estoit entre eux celuy ni celle qui ne sceust lire,
escrire, chanter, jouer d'instrumens harmonieux,
parler de cinq ou six langues, et en iceux composer, tant en carme qu'en oraison soluc. Jamais
ne furent vues dames tant propres, tant mignon-
nes, moins fascheuses, plus doctes, à la main, à
l'aiguille, à tout acte muliebre, honeste et libère
que là estoient (1). »

Et voilà le portrait de la femme moderne, telle
que nous la comprenons et la voulons ; et si au

(1) Liv. I, chap. LVII.

lieu d'entreprendre un long voyage, périlleux et
interminable, à la recherche d'une solution
introuvable, Pantagruel avait tout simplement
renvoyé Panurge à l'abbaye de Thélème, l'incor-
rigible vaurien aurait eu beau « filer les mous-
taches de sa barbe », il était pris au piège et
obligé de se rendre.

Le mariage a inspiré à Rabelais un de ses
plus beaux chapitres. Le titre est singulièrement suggestif : *Comment Gargantua remontre
n'est licite les enfants soy marier sans le sceu
et l'adveu de leurs pères et mères.* C'est une
thèse, et il faut voir avec quelle éloquence, quelle
ampleur de langage, quelle gravité pénétrante et
soutenue le maître la développe et la défend !

Au moment d'entreprendre son grand voyage,
Pantagruel, en fils respectueux, va présenter ses
devoirs à son père. Le caractère tout particulier
de ce voyage amenait tout naturellement Gargantua à parler à son fils de son propre mariage
à lui.

« Père très débonnaire, respond Pantagruel,
encores n'y avois-je pensé ; de tout ce négoce je
me desportois sus vostre bonne volonté et pater-
nel commandement. Plus tost prie Dieu estre à
vos pieds veu roide mort en vostre deplaisir que,
sans vostre plaisir, estre veu vif marié. Je n'ay

jamais entendu que, par loy aucune, fust sacrée,
fust prophane et barbare, ait esté en arbitre des
enfants soy marier, non consentants, voulants,
et promovens leurs pères, mères et parens pro-
chains. »

Gargantua prend occasion de cette déclaration
filiale pour faire la critique du droit canonique,
législation monstrueuse qui permettait à des enfants de quinze, voire de douze ans, de se marier
sans le consentement ou même contre la volonté
de leurs parents, pourvu qu'il eussent l'appui
et complicité d'un prêtre. Gargantua proteste
contre cet envahissement de la vie domestique
par l'Église et voue à la colère de tous les hon-
nêtes gens ces religieux, ennemis par état de la
famille, qui prétendaient cependant régler les
mariages et asservir les mariés à leur caprice.

Au moment où Rabelais écrivait ces lignes, le
Concile de Constance agitait la question du
mariage dans ses rapports avec l'autorité paternelle; mais il devait s'écouler plus de deux
siècles avant que l'Assemblée Constituante don-
nât raison à l'auteur du *Pantagruel*, en organi-
sant le mariage civil.

Depuis Rabelais nous avons considérablement
agrandi le champ des libertés féminines. Qu'il
y ait encore beaucoup à faire dans cet ordre

d'idée, nul ne le conteste. Toutefois, prenons
garde ; dans ce domaine, plus peut-être que
dans tout autre, le mieux est l'ennemi du bien.
Il faut bien comprendre que l'égalité n'est pas
un droit, mais un simple rapport; que l'activité
de l'homme et de la femme se déploient dans
des cercles concentriques, mais distincts, où il y
a similitude et parallélisme plutôt qu'égalité. La
confusion serait la fin de la famille, et, par une
conséquence plus ou moins prochaine, mais fa-
tale, de la société.

Rabelais a autrement compris le rôle réci-
proque de l'homme et de la femme, leurs droits
et leurs devoirs respectifs :

« J'entends avoir et n'avoir femme en ceste
façon : que femme avoir, est l'avoir à usage tel
que nature la créa, qui est pour l'aide, esbatte-
ment, et société de l'homme; n'avoir femme est
ne soi appoltronner autour d'elle, pour elle ne
contaminer celle unique et suprême affection
que doibt l'homme à Dieu; ne laisser les offices
qu'il doibt naturellement à sa patrie, à la répu-
blicque, à ses amis; ne mettre en nonchaloir ses
estudes et négoces, pour continuellement à sa
femme complaire. »

CHAPITRE VII

LE MOINE

Moine ! Rabelais le fut si peu qu'on ne songerait même pas à en parler si, judicieux observateur et fin critique. il n'avait, durant sa vie de couvent, recueilli sur les mœurs des moines, leur mentalité, leur valeur au point de vue social et religieux. des renseignements précis, vivants, vécus dont il a rempli son livre.

On s'étonne qu'après quinze années de *moinage* et de vie domestique commune avec des religieux ignares et fainéants, selon la formule « que ceux qui ne savent ni lire ni écrire gardent leur ignorance », l'esprit monastique n'ait pas déteint sur Rabelais. Car on ne trouve en sa personne rien qui sente le couvent, dans ses attitudes, gestes et propos, encore moins dans sa manière de penser. Il n'est pas plus moine. moins s'il est possible, que frère Jean, le héros de son cœur, dont il avait trouvé le prototype chez les bénédictins de Seuillé, et qui pour sa part de paradis n'eût consenti à quitter son froc ; non point pour aucune raison de scrupules religieux, ou pour l'honneur qu'il en pouvait tirer, mais parce qu'il lui faisait le corps tout joyeux, et que le portant, il n'en avait que meilleur appétit et en buvait d'autant.

Il est difficile d'admettre que Rabelais ait choisi de son plein gré l'état monastique, surtout dans un ordre fainéant. Serait-ce que Thomas Rabelais, son père, chargé de famille, se soit trouvé dans l'impossibilité de faire, en faveur de François, ce qu'il avait fait pour ses autres enfants, au moins les frais d'un apprentissage !

A la fin du *Pantagruel*, Rabelais semblerait faire allusion à cette circonstance.

Pantagruel venait d'atterrir à l'île Sonnante. Frappé du grand nombre de moines qu'on y rencontrait, il en manifesta son étonnement. On lui expliqua que ces moines venaient les uns d'une contrée grande et merveilleuse, que l'on nommait « Jour-sans-Pain qui est excessivement long » ; les autres, d'un pays appelé « Trop d'Ilieux » (trop d'enfants).

« Quand en quelque maison de cette contrée

dernière y ha trop d'enfants, soient masles, soient femelles, de sorte que qui à tous part ferait de l'héritage (comme raison le veult, nature l'ordonne et Dieu le commande) la maison serait dissipée : c'est l'occasion pourquoi s'en deschargent en cette isle [1]. »

Et Rabelais, comme s'il eût été tout à coup envahi par un souvenir de jeunesse, fait cet aveu qui n'est pas sans quelque amertume :

« Je m'esbahis si les mères de par de là les portent neuf mois en leurs flancs, veu qu'en leurs maisons elles ne les peuvent porter ne pâtir neuf ans, non pas sept le plus souvent et les font tels devenir que presentement vous les voyez [2]. »

D'humeur sereine et gaie, bienveillant par caractère, indulgent envers tous et pour tout, caractéristique des individualités compactes et d'un seul bloc, Rabelais était trop fortement armé contre les entraînements des contingences extérieures, pour prendre l'air du milieu dans lequel il avait vécu.

D'ailleurs, esprit sérieux, appliqué à toutes sortes d'études, les mathématiques, l'astronomie, les langues anciennes, la botanique, où il avait acquis une connaissance peu commune à cette

1. Liv. V, chap. iv
2. *Ibid.*

époque des plantes médicinales et de leurs vertus
curatives, s'adonnant à l'empirisme, devant que
d'être docteur et célèbre en l'art de guérir, il lui
était plus facile qu'à tout autre d'échapper à l'oisiveté dégradante des moines. Des hellénistes
comme Pierre Lamy, « qui parlait grec mieux que
l'on ne récite aujourd'hui le latin en Sorbonne
ou le français à l'Académie », recherchaient sa
compagnie. Il avait pour amis des hommes tels
que Guillaume Budé, professeur au collège de
France, André Tiraqueau, homme docte et lieu-
tenant du bailliage de Poitiers, Jean Boucher,
procureur et homme de lettres, et combien
d'autres gens de qualité dans le clergé et la
noblesse, les frères du Bellay, dont la protection lui fut tant de fois précieuse, Geoffroy
d'Estissac, son camarade au couvent de la
Beaumette. Il était en correspondance avec
les esprits les plus cultivés et les plus en
vue de l'époque, Clément Marot, Bonaventure
des Périers, Dolet, Érasme, Calvin lui-même,
malgré les différences essentielles et profondes
qui le séparaient de l'illustre hérésiarque.

Ce n'était certes pas sans avoir éveillé la jalousie et attiré sur lui les haines des moines
ignares et crasseux, qui lui reprochaient ses relations mondaines, ses lectures, sa passion pour

le grec alors considéré comme hérésie, et qui
eussent été heureux de le voir finir dans l'*in-
pace* dont il ne fallut rien moins que la protection de son ami Tiraqueau pour le délivrer.

Nous possédons une lettre de Guillaume Budé
à Pierre Amy, dans laquelle il fait allusion aux
persécutions que lui Pierre Amy et Rabelais
avaient eu à endurer de la part de leurs frères en
religion, au couvent de Fontenay-le-Comte. Cette
lettre est caractéristique et l'on me saura gré de
la reproduire ici, du moins en partie. Datée de
Paris, 25 février, sans millésime, elle fut écrite
en grec, plus tard traduite en mauvais latin, en
plusieurs endroits inintelligible.

Voici la lettre :

« Par le dieu protecteur des associations et
par le fondateur de votre ordre, qu'est-ce que
nous avons appris là ? On dit que toi, ô tête
qui m'es chère, et ton Thésée, Rabelais, tour-
mentés par ces ennemis du beau, vos confrères
de l'ordre, à cause de votre extrême ardeur pour
l'antiquité grecque, vous souffrez des maux multiples et terribles. Hélas ! funeste folie de ces
gens ! O insondable absurdité ! Ils sont à ce
point inaccessibles au beau et insensibles, que
portant envie à la renommée d'hommes qui at-
teindraient sous peu le suprême degré de l'éru-

dition et dont tout votre ordre devrait s'honorer et s'enorgueillir, ils ont entrepris, en se conjurant contre eux, de les faire renoncer à la plus belle et la plus digne occupation (1). »

Eh bien, le croirait-on, le bon Rabelais ne leur en garda point rancune, et si, à tout instant dans son livre, il les prend pour cible à ses railleries, c'est sans se départir jamais de cette bienveillance particulière, faite de sympathie et d'indulgence qui est le fond même du pantagruélisme.

Rabelais s'amuse de ces moines gourmands; il sourit à leurs ridicules, agitant leurs travers comme si fussent trophées ; il se paie leur tête; il en joue avec une spirituelle bonhomie et tant d'art qu'il n'est spectacle plus divertissant et qui donne moins sujet à une interprétation malveillante. Et pourquoi ne leur serait-il pas indulgent ? Ces vices qu'on leur reproche, sont moins vices de nature que du monde où ils vivent, et viennent des préjugés ambiants, de l'éducation subie; ce sont autant de péchés véniels dont « mieux est de ris » que de gronder.

Rabelais réserve ses sévérités pour les lâches,

(1) Je dois le texte grec de la lettre de Budé et sa traduction à l'obligeance d'un éminent professeur de l'Université de Montpellier, M. Max Bonnet.

les hypocrites de mœurs et de croyances, les
mangeurs et les buveurs, créatures paresseuses
et laides, poids et charge inutile de la terre ; car
ce sont là proprement péchés capitaux, cause de
ruine et de décomposition certaine pour le corps
social, comme aussi pour chaque individu pris
en son particulier.

Que les moines soient souvent en cuisine, plus
volontiers qu'en l'église, à qui, je vous le demande,
cela peut-il faire tort ? Sait-on s'ils ne sont pas
attirés à l'endroit des marmites et contrehastier
« par quelque vertu et propriété spécifique et
obscure, comme l'aimant à soi le fer attire » ?
à moins que ce ne soit « une induction et incli-
nation naturelle aux frocs et cagoules adhérente, laquelle de soi-même poulse les bons
religieux en cuisine, encore qu'ils n'eussent élection ni délibération d'y aller ».

Et comme tout cela est joli : « encore qu'ils
n'eussent élection ni délibération d'y aller » !
indulgence exquise et pleine de délicatesse, qui
rappelle un autre mot de même figure que j'ai
récité plus haut à propros de Panurge, lequel
avait soixante-trois manières de se procurer de
l'argent, dont la plus honorable et la plus commune était « par façon de larcin furtivement
fait ».

Rien n'amusait autant Rabelais comme la
paillardise des moines, et il faut voir avec quel
bon rire la compagnie accueille le récit des
vertus horrifiques du froc que portait le moine
de Castres, dont le pouvoir génésique était irrésistible sur « tous les manants et habitants du
lieu, bestes et gens, hommes et femmes, voir
sur les rats et chats ».

Rabelais est moins indulgent pour les moines
fainéants, peut-être parce que, au monastère de
Fontenay-le-Comte, il avait eu à en souffrir
davantage. Mais ici encore, avec quelle sympathie « mélancholiée », n'en parle-t-il pas ?

Quelqu'un ayant fait remarquer que « les
moines sont partout refuis de tous », on demanda
pour quelle raison « le froc et la cagoule tirent à
soi les approbes et malédictions du monde tout
ainsi que le vent Cesias attire les nues ». Gargantua répondit qu'il ne fallait pas s'en étonner,
la fonction des moines étant de manger la m...
les excréments du monde, c'est-à-dire les péchés.

« Si entendez pourquoy un singe en une famille est toujours mocqué et herselé, vous en-
tendrez pourquoy les moines sont de tout refuis
et des vieux et des jeunes. Le singe ne garde
pas la maison comme un chien ; il ne tire pas
l'aroy comme le bœuf, il ne produit ni laict, ni

laine, comme la brebis ; il ne porte pas le faix
comme le cheval. Ce qu'il fait est tout conchier
et dégaster, qui est la cause pourquoy de tous
repçoit mocqueries et bastonnades.

« Semblablement, un moine (j'entends de ces
ocieux moines) ne laboure comme le paysan ;
ne garde le pays comme l'homme de guerre ; ne
guerrit les malades comme le médecin ; ne
presche ny endoctrine le monde, comme le
bon docteur évangélique et pédagogue ; ne
porte les comodités et les choses nécessaires à
la république, comme le marchand. C'est la
cause pourquoy de tous sont hués et abhorris (1). »

Que dire après cela ? Les moines sont jugés
sans haine et sans colère, mais aussi sans appel
« poids et charge inutile de la terre ».

Tant qu'il ne s'est agi que de la gourmandise
des moines, enfantine, joviale, à ventre débou-
tonné, de leur paresse indécrotable, sensuelle,
vantarde, où tout le long des jours ils vautrent
sans vergogne leur joie de vivre, Rabelais s'est
contenté de rire, rire comique et bon enfant.
Mais, en présence de la mendicité organisée,
avec privilège de l'Église, il éprouve un tout
autre sentiment. C'est alors du dégoût, et sa

1) Liv. I, chap. XL.

parole devient amère, cinglante, presque cruelle.

« Tous avaient le col tors, les pates pelues, les gryphes et le ventre de harpies et le cul de stymphalides ; et n'était possible de les exterminer ; pour un mort, en advolait vingt-quatre (1). »

Rabelais veut que l'on se défie de gens qui regardent par un « pertuys » ou par une fenêtre de drap, par l'ouverture d'un capuchon. « Iceux fuyez et abhorissez et hayssez autant que je fais. »

A ces moines hypocrites, il fait défense expresse de franchir le seuil de l'abbaye de Thélème :

> Cy n'entrez pas, hypocrites, bigotz,
> Vieux matagotz, marmiteux borsouflés,
> Torcols, badaux, ...
>
> .   .   .   .
>
> Haires, cagotz, cafars empantouflés,
> Gueux mitouflés, frapparts escornifflés,
> Befflés, enflés, fagoteurs de tabus :
> Tirez ailleurs pour vendre vos abus (1).

Rabelais est sans pitié pour les moines flaireurs de cadavres que l'on voit accourir au lit des mourants, durs, cruels, sous prétexte de sauver l'âme.

Écoutez ce que dit le vieux poète Roudibilis sur son lit de mort :

(1) Liv. 1, chap. LIV.

« Allez, enfants, en la garde du grand Dieu
des cieux, et plus de cestuy affaires ne d'aultre
que soit ne m'inquiétez. J'ay ce jourd'hui, qui
est le dernier et de may et de moy, hors ma
maison, à grande fatigue et difficulté, chassé un
tas de villaines, immondes et pestilentes bestes,
noires guarres, fauves, blanches, cendrées, gri-
volées ; lesquelles laisser ne me vouloient à mon
aise mourir, et, par fraudulentes poinctures,
gruppemens harpyacques, importunités freslon-
nisques, toutes forgées en l'officine de ne sçay
quelle insatiabilité, me evocquoient du doux
pensement onquel je acquiesçois, contemplant,
voyant et ja touchant et goustant le bien et féli-
cité que le bon Dieu a préparé à ses fidèles et
esleuz, en l'aultre vie et estat d'immortalité (1). »

Rabelais avait certainement le sentiment très
net des dangers de toutes sortes, auxquels le développement des ordres religieux allait exposer
la société dans sa constitution morale et politique, et du dommage que les moines ne manque-
raient pas de causer à la famille, le jour où, sous
prétexte de religion ou d'éducation, ils auraient
libre accès au foyer domestique.

Si, par une prudence qu'il est aisé de com-

1. Liv. III, chap. XXI.

prendre, il n'insiste pas sur cette question redoutable, on voit cependant, en certains endroits
de son livre, combien il était préoccupé d'une
situation qui l'eût épouvanté, s'il lui avait été
donné d'anticiper sur les événements et de découvrir les secrets de l'histoire.

Voudra-t-on me permettre de reproduire ici
un passage un peu long, auquel j'ai déjà fait
allusion lorsqu'il s'est agi de la femme, dans
lequel Rabelais s'élève à la plus haute éloquence
et stigmatise, en un langage superbe et digne,
les moines qui s'introduisaient dans les familles
et, sous prétexte de mariages, subornaient les enfants, les poussant à la haine et au mépris de
leurs parents :

« De mon temps a esté par le continent trouvé
pays onquel sont ne sçay quelz pastophores
taulpetiers, autant abhorrens de nopces comme
les pontifes de Cybèle en Phrygie (si chappons
fussent, et non Gals pleins de salacité et lasci-
vie) lesquels ont dicts loix ès gens mariés sur le
faict de mariage. Moyennant les loix dont je
vous parle, n'est ruffian, forfant, scelerat, pen-
dart, puant, punais, ladre, briguant, voleur, méchant en leurs contrées, qui violentement ne
ravisse quelle fille il voudra choisir tant soit
noble, belle, riche, honneste, pudicque que sau-

riez dire, de la maison de son père, d'entre les
bras de sa mère, maulgré tous ses parens, si le
ruffiant se y à une fois associé quelque myste
qui quelque jour participera de la proye.

« Et voyent les dolens pères et mères hors
leurs maisons enlever et tirer par un incogneu,
estrangier, barbare, mastin, tout pourry, chan-
creux, cadavereux, pauvre, malheureux, leurs
tant belles, delicates, riches et saines filles, lesquelles tant chèrement avoient nourries en tout
exercice vertueux, avoient disciplinées en toute
honnesteté : esperans en temps opportun les colloquer par mariage avec les enfants de leurs
voisins et antiques amis.

« Ilz toutesfois tant sont de crainte du demon
et superstitiosité espris, que contredire ilz
n'osent, puisque le taulpetier y a esté présent et
contractant. Et restent en leur maison privés de
leurs filles, tant aimées, le père mauldissant le
jour et heure de ses nopces, la mère regretant
que n'estoit avortée en tel tant triste et malheureux enfantement ; et en pleurs et lamentations
finent leur vie, laquelle estoit de raison finir en
joie et bon traictement d'icelles (1). »

En poursuivant ainsi de ses sarcasmes et ma-

(1) Liv. III, chap. XLVIII.

lédictions les moines de tous ordres, Rabelais ne faisait qu'obéir aux instructions que lui avaient données ses maîtres, en l'illustre Université de Montpellier.

S'il faut en croire Tabouret, seigneur des Accords, au moment où les élèves en médecine, reçus docteurs, allaient quitter la Faculté, le doyen leur adressait une petite allocution sur les devoirs de leur profession. Ce court propos se terminait par ces mots, qui sont une façon de viatique : *Vale et occide Caim !* Porte-toi bien et mets à mort Caïm.

Or, ce mot *Caim*, formé avec les première lettres des noms suivants : carmes, augustins, jacobins et minimes, était le monogramme de tous les ordres religieux. Le régent de l'Université semblait dire au nouveau docteur : Vous avez un double devoir à accomplir, guérir les malades et nous débarrasser des moines.

CHAPITRE VIII

LA RELIGION DE RABELAIS

La qualité de moine ne nous a rien appris sur
la religion de Rabelais. Je conviens qu'il n'est
pas toujours facile de démêler la pensée de l'auteur du *Gargantua* sous les plaisanteries de Panurge et les facéties de frère Jean. Ce n'est
point que les discours sur les choses de la religion soient rares dans le livre : il n'en est pas,
au contraire, où le nom de Dieu revienne plus
souvent, sans parler, bien entendu, des jurements
de frère Jean et de Panurge. Mais s'il expose
complaisamment les opinions d'autrui, Rabelais
est, en général, très circonspect et réservé pour
ce qui le concerne personnellement : circonspection où il ne faut voir ni timidité ni ombre de pol-

tronnerie, mais plutôt une sorte de prudence
intellectuelle et de raison pratique. « Jusques
au feu exclusivement ! » c'est le mot de Panurge
toutes les fois qu'il lui échappe un propos un peu
vif sur quelque article de la foi, ou encore une
de ces plaisanteries court vêtues qu'il se plaît
à débiter entre deux coupes. Panurge a pour
l'Église un respect superstitieux et ne redoute
rien tant que de se compromettre avec ses sup-
pôts.

Tel n'était pas Rabelais. Je veux bien croire
qu'il n'eut pas toujours pour les *confesseurs de
la foi* cette admiration sans réserve, généreuse
mais irréfléchie, qu'inspire au plus grand nombre
une forme de courage qui relève autant de la
pathologie que de la raison ; s'il eût dû être brûlé,
que ce fût avec les fagots de Calvin ou de l'Inquisition romaine, peu lui importait. Ami de la
vérité pour elle-même, sans égard au dogme,
parce qu'éternelle celle-là, tandis que les dogmes
sont ondoyants et divers au gré des cerveaux
qui les ont enfantés, l'auteur du *Gargantua*
avait mieux à faire que de prendre parti dans les
disputes théologiques de son temps. Il n'est cependant pas douteux que Rabelais n'ait éprouvé
pour la Réforme une secrète symphathie, comme
la plupart de ses amis, du reste. les hellénistes

en particulier. Le grec fut-il cause de ce rapprochement ?

Oh ! pour l'amour du grec, Monsieur, qu'on vous embrasse !

D'autres raisons plus sérieuses attiraient Rabelais vers la Réforme, ne serait-ce que son caractère philosophique et social. Et puis était-il possible à un homme de liberté comme lui d'assister indifférent à cette révolte superbe et audacieuse de l'individu contre le despotisme le mieux établi et le plus néfaste qui fût.

Si Rabelais ne se déclara pas plus nettement et n'entra pas résolument dans le mouvement, c'est sans doute parce que la Réforme, qui fut dans l'origine une méthode et qui n'eût jamais dû être autre chose, ne tarda pas à devenir un dogmatisme non moins étroit, exclusif et intolérant que celui qu'elle prétendait détruire.

En réalité, entre l'auteur de l'*Institution* et l'historiographe de Gargantua, il y avait incompatibilité d'humeur manifeste, — j'entends d'éducation philosophique et de tempérament moral. Et quand Rabelais parle des *démoniacles calvins*, c'est moins les réformés qu'il désigne par ces mots que Calvin lui-même et ses disciples immédiats, les partisans de sa doctrine.

Autrement l'on ne s'expliquerait pas le vent de réforme qui souffle dans son livre, tempéré, il est vrai, par des bouffées d'esprit gaulois et ce gros bon sens, qui est surtout le sens du vrai, et qu'il devait à l'étude de l'antiquité grecque et de la Renaissance.

Dans l'épopée rabelaisienne le protestantisme est représenté par Grandgousier, Gargantua et Pantagruel. La cour est décidément huguenote; les rois sont calvinistes, d'un calvinisme large, dilué dans une sage philosophie.

Grandgousier est prédestinatien; il professe que l'homme est par nature mauvais, et incapable de toute bonne pensée qui n'a pas la grâce demeurant en lui :

« Dont j'ay cogneu, dit-il en parlant de Picrochole, que Dieu éternel l'a laissé au gouvernail de son franc arbitre et propre sens, qui ne peut estre que meschant, si par grâce divine n'est continuellement guidé : et, pour le contenir en office et réduire à cognoissance, me l'a icy envoyé à molestes enseignes (1). »

A son tour Pantagruel parle du péché originel en des termes que n'aurait pas désavoués Calvin.

Il s'agit de la famille, des enfants qui nous

(1) Liv. I, chap. XXIX.

font en l'état mortel où nous sommes une espèce d'immortalité :

« Dont nous est aucunement instauré ce qui
nous fut tollu par le péché de nos premiers
parens, esquelz fut dict que, parce qu'ils n'avoient
esté obéissans au commandement de Dieu le
créateur, ilz mourroient, et, par mort, seroit
réduicte à néant ceste tant magnifique plasma-
ture en laquelle avoit esté l'homme créé (1). »

Gargantua cite fréquemment et presque exclusivement Saint-Paul, l'apôtre préféré des protestants, celui au nom duquel Luther et Calvin
étaient partis en guerre contre la papauté; il
oppose les *bons prêcheurs évangéliques*, qui sont
les ministres huguenots, aux *bateleurs, moines
prêcheurs et mediants*.

Grandgousier, lui, en un langage qu'aurait
volontiers signé Théodore de Bèze, stigmatise les
pélerinages, qu'il qualifie de scandaleux et blas-
phématoires.

« Mais, dit Grandgousier, qu'alliez-vous faire
à Sainct Sébastian ? — Nous allions dit Lasdaller, luy offrir nos votes contre la peste. — O,
dist Grandgousier, pauvres gens, estimez-vous
que la peste vienne de Sainct Sébastian ? — Ouy
vraiment, respondit Lasdaller, nos prêcheurs

(1) Liv. II, chap. VIII.

nous l'afferment. — Ouy, dist Grangousier, les faulx prophètes vous annoncent-ilz telz abus ? Blasphèment-ilz en ceste façon les justes et sainctz de Dieu, qu'ilz les font semblables aux diables, qui ne font que mal entre les humains, comme Homère escrit que la peste fut mise en l'ost des Grégoys par Appolo, et comme les poètes feignent un grand tas de Véjoves et dieux malfaisans ? Ainsi préchait à Sinays un caphar, que Sainct Antoine mettoit le feu es jambes, saint Eutrope faisoit les hydropiques, sainct Gildas, les fols; saint Genou, les goutteux. Mais je le punis en tel exemple, quoi qu'il m'appelast hérétique, que depuis ce temps caphar quiconcques n'est osé entrer en mes terres. Et m'esbahis si vostre roy les laisse prêcher par son royaume telz scandales. Car plus sont à punir que ceux qui, par art magique ou aultre engin, auroient mis la peste par le pays. La peste ne tue que le corps, mais telz imposteurs empoisonnent les âmes [1]. »

Calvinistes, les rois de Rabelais sont des nouveaux convertis; leur protestantisme date de la veille. La première éducation de Gargantua s'est faite suivant les règles et les idées de la religion catholique:

[1] Liv. I, chap. xv.

« Après avoir bien à poinct desjeuné, alloit à l'église, et lui portoit-on, dedans un grand panier, un gros bréviaire empantoflé, pesant, tant en gresse qu'en fermoirs et parchemin, poy plus, poy moins, unze quinteaux six livres. Là oyoit vingt et six ou trente messes : cependant venoit son discur d'heures, en place, empaletocqué comme une duppe, et très bien antidoté son haleine à force sirop vignolat. Avec iceluy marmonoit toutes ses kyrielles, tant curieusement les espluchoit qu'il n'en tomboit un seul grain en terre. Au partir de l'église, on lui amenoit, sur une traîne à bœufz, un faratz de patenostres de Sainct Claude, aussi grosses chacunes qu'est le moulle d'un bonnet ; et, se promenant par les cloistres, galeries, et jardin, en disoit plus que zeize hermites (1). »

Cependant, la cour, ayant renoncé à ce genre de dévotion, que Rabelais qualifie de « vicieuse manière de vivre », Grandgousier pourvut Gargantua d'un nouveau pédagogue qui devait lui faire oublier ce que lui avaient appris ses « antiques précepteurs. » Les antiques précepteurs ce sont les moines. Et pour faire oublier à Gargantua ce que ces moines lui avaient appris,

(1) Liv. I, chap. XXI.

Ponocrate eut recours au moyen tout à la fois le plus simple et le plus radical, il fit de son élève un huguenot.

« S'esveilloit donc Gargantua environ quatre heures du matin. Ce pendant qu'on le frottoit, luy estoit lue quelque pagine de la divine Escripture, haultement et clairement, avec prononciation compétente à la matière. »

Lire la Bible à haute voix et claire, en donnant à chaque mot sa valeur propre, c'était la méthode des réformés : à cela on reconnaissait les calvinistes.

Aussi Gargantua donne-t-il à Pantagruel le conseil de lire chaque jour quelques pages des Écritures :

« Et par quelques heures du jour commence à visiter les Saintes lettres, premièrement en Grec le Nouveau Testament et Epistres des Apostres; et puis en Hébreu le Vieux Testament. »

Chez eux, en leur particulier, devant leurs enfants et domestiques, les géants-rois de Rabelais prêchent volontiers, comme de simples ministres de la religion réformée.

C'est Grandgousier qui, à la veille d'entreprendre guerre, implore le Très-Haut et le prend à témoin de ses bonnes intentions et pacifiques à l'égard de Picrochole :

« Mon Dieu, mon Saulveur, aide moy ; inspire moy, conseille moy, à ce qu'est de faire. Je proteste, je jure devant toy ; ainsi me sois tu favorable, si jamais à luy déplaisir, ne à ses gens dommaige, ne en ses terres je fis pillerie ; mais, bien au contraire, je l'ay secouru de gens, d'argent, de faveur, et de conseil. Qu'il m'ait donc en ce point oultragé, ce ne peut estre que par l'esprit maling. Bon Dieu, tu cognois mon courage, car à toy rien ne peut estre celé. Si par cas il estoit devenu furieux, et que, pour luy rehabilité son cerveau, tu me l'eusse icy envoyé, donne moy et pouvoir et sçavoir le rendre au joug de ton sainct vouloir par bonne discipline (1). »

C'est Gargantua admonestant son fils de demeurer ferme dans la foi :

« Mais, parce que selon le sage Salomon, sapience n'entre point en âme malivole, et science sans conscience n'est que ruine de l'âme, il te convient servir, aimer, et craindre Dieu, et en luy mettre toutes les pensées et tout ton espoir ; et, par foy formée de charité, estre à luy adjoinct, en sorte que jamais n'en soit désemparé par péché. Ne metz ton cœur à vanité : car ceste vie est transitoire, mais la parole de Dieu demeure éternellement (1). »

(1) Liv. I, chap. XXVIII.

C'est enfin Pantagruel. Comme on allait quitter le port de Thalasse pour le grand voyage à la Dive Bouteille, Pantagruel réunit les équipages de sa flotte en sa thalamège, et « leur fit une briefve et saincte exhortation, toute auctorisée de propos extraitz de la Saincte Écriture, sus l'argument de Naviguation. Laquelle finie, fut hault et clair faicte prière à Dieu, oyans et entendans tous les bourgeois et citadins de Thalasse, qui estoient sus le mole accouruz pour voir l'embarquement.

« Après l'oraison fut mélodieusement chanté le psaulme du Sainct roy David, lequel commence : « Quand Israël hors d'Égypte sortit (2). »

On remarquera que c'est Pantagruel lui-même qui officie et non pas un prêtre, et personne n'ignore le sens mystique que les protestants donnaient à ce psaume de Marot, qu'ils chantaient de préférence à tout autre.

Ces oraisons, dont quelques-unes font aujourd'hui sourire, étaient alors écoutées béatement, gravement, respectueusement, dévotement. Pour une fois, les gros rieurs comme frère Jean et Panurge retiennent leurs plaisanteries et se gardent bien de contredire.

(1) Liv. II, chap. v.
(2) Liv. III, chap. i.

Cette attitude surprend tout d'abord, d'autant plus significative qu'elle contraste singulièrement avec la conduite des mêmes personnage en maintes circonstances. Lorsque, par exemple, Homenaz, en un lyrisme extravagant, énumère les vertus des dives décrétales, c'est de toute part un feu roulant de plaisanteries à faire rentrer sous terre le prêcheur le plus obstiné. Le rire fou monta jusqu'aux étoiles, le grave et sage Pantagruel rit comme les autres. Quant à Épistémon, se tournant vers Panurge : « Faulte de selle percée me contraint d'ici partir. Cette farce m'a desbondé le boyau culier. »

Combien d'autres passages où Rabelais, en un langage à double effet, marque sa sympathie pour la Réforme. Sur la grande porte de l'abbaye de Thélème on lisait ces vers, écrits en grosses lettres antiques :

> « Ci entrez, vous, qui le Sainct Évangile
> En sens agile annoncez, quoiqu'on gronde.
> Céans aurez un refuge et bastille.
> Contre l'hostile erreur qui tant postille,
> Par son faulx style empoisonne le monde.
> Entrez, qu'on fonde ici la foi profonde,
> Puis qu'on confonde et par voix et par rôle
> Les ennemis de la Sainte parole 1. »

(1) Liv. I, chap. LIV.

Plus loin, Gargantua, expliquant l'énigme trouvée au fondement de l'abbaye, engravée sur une grande lame de bronze, s'exprimait ainsi :

« Ce n'est de maintenant que les gens réduicts à la créance évangélique sont persécutés. Mais bien heureux est celuy qui ne sera scandalisé, et qui tous jours tendra au but et au blanc que Dieu par son cher filz nous a préfix, sans par ses affections charnelles estre distrait ny diverty (1). »

Ces persécutés, qui prêchent le saint Évangile en « sens agile », c'est-à-dire dans le langage courant, connu de tout le monde, auxquels est offert « refuge et bastille » en cette abbaye de Thélème, qui a pour règle et pour enseigne ce seul commandement : « Fais ce que voudras », ne peuvent être que des protestants.

Les chapitres XLIV, XLVI et XLVII du quart livre justifient cette supposition. Il s'agit là d'une histoire plaisante, en laquelle les protestants sont ouvertement favorisés au regard des papistes sous le rapport de la mentalité générale et de la moralité.

Lorsqu'il racontait l'aventure du laboureur de Papefiguière, Rabelais soupçonnait-il l'interpré-

____

(1) Liv. I, chap. LVIII.

lation qu'on en pourrait donner ? C'est probable.
Mais il y met tant d'art qu'on n'y songe guère,
subjugué par le charme irrésistible du récit.
Nulle part, peut-être, Rabelais n'a conté histoire
plus joyeuse avec plus de finesse et d'esprit. Il
semble qu'il ait à dessein, et pour écarter
d'avance tout soupçon d'hérésie, réuni dans
cette page les qualités les plus exquises de sa
verve railleuse. Je renonce, quant à moi, à réciter
cette histoire, dans la crainte de la gâter ; c'est
un régal de lettré, et je plains les esprits
moroses qui, par je ne sais quel besoin de mor-
tification ou faux sentiment des convenances,
ont le courage de s'en priver.

Dans son grand voyage de circumnavigation
à la recherche de la Bouteille, Pantagruel rencontra deux îles, voisines l'une de l'autre, mais
sur des méridiens différents, l'île des Papefigues
et celle des Papimanes. Cette dernière, vaste,
riche, opulente, honorée, puissante, redoutée,
abondamment pourvue de peuple, dont l'unique
occupation consistait à faire du temps deux
parts, l'une destinée à l'Église, l'autre aux travaux de table ; car Papimanie est terre d'Église.
Quant aux Papefigues, autrefois libres et riches,
ils étaient devenus pauvres, malheureux et assu-
jetis aux Papimanes depuis qu'un des leurs avait

fait la figue, « qui est en celluy pays signe de contemnement et dérision manifeste », au portrait papal exposé, selon la coutume papimanique, aux jours de fêtes à bâtons ; et les appelait-on Gaillardets, surnom donné par mépris à ceux de la religion réformée.

La première chose qui frappa Pantagruel, en arrivant en l'île des Papefigues, ce fut, après la pauvreté du lieu, l'agitation qui pour lors y régnait, comme si toute la population fût dans l'attente d'un grand événement. Il apprit, en effet, que, peu d'années auparavant, un petit diable, étant venu se promener dans l'île, avait eu maille à partir avec un laboureur de l'endroit auquel il disputait la propriété de son champ et voulait en tout cas en avoir le profit.

Plus roué que son adversaire, en sa double qualité de paysan et de Gaillardet, le laboureur avait de belle façon roulé le diable. Aussi, à partir de ce jour, ce dernier était moqué de tout le monde, tant des femmes que des hommes. De cette déconvenue, le diable avait gardé un dépit cuisant et un désir de vengeance qu'il était à la veille de satisfaire. En effet, il avait envoyé assignation au laboureur de Papefiguière d'avoir à se rencontrer avec lui pour vider le différend : « Au joindre sera le combat. » Les

diables ayant, comme on le sait, bonnes griffes
et aiguës, notre diableteau, qui s'était adjugé le
choix des armes, avait décidé que l'on s'entre-
gratterait l'un l'autre à merci.

Le jour de l'assignation était précisément
celui où Pantagruel était arrivé dans l'île.

Le bruit de cette affaire s'étant répandu, les
curés du voisinage, amateurs d'exorcismes,
étaient accourus, offrant leurs bons offices au
pauvre laboureur. Sur leurs conseils, il s'était
« très bien confessé, avait communié comme
bon catholique, nous dit Rabelais, et s'était
caché dans le benoistier, tout dedans l'eau
comme un canard au plonge, excepté un peu du
nez pour respirer ». Cependant, auprès de lui
trois prêtres, empressés, bien rasés, tonsurés,
lisaient le grimoire et conjuraient les diables.
« Pantagruel trouva le cas étrange et demandait
quels jeux c'estaient qu'ils jouaient là. »

Que d'ironie dans cette simple question de
Pantagruel, et quelle bonhomie malicieuse dans
le portrait que Rabelais fait de ces prêtres fort
occupés avec le diable ! Si l'on eût demandé à
Rabelais ce qu'il pensait de toute cette démono-
logie, j'imagine qu'il eût souri, de ce sourire
profond qui était chez lui façon de blâme, la
plus commune et la plus sévère. Car il savait

mieux que personne que si le bûcher tue l'homme le diable n'en meurt jamais.

Cependant que les prêtres s'escrimaient en prières et cérémonies, notre diable vint à la porte du laboureur « et sonnant: ô vilain, ô vilain, ça, ça à belles griffes ». Puis entrant en la maison, galant et délibéré, et n'y trouvant point le laboureur, et pour cause, il avisa sa femme, laquelle le reçut courtoisement ; puis tout soudain, au moyen d'un stratagème presque enfantin et à l'usage du sexe faible, celle-ci fit si bien que notre diable, sans plus attendre, ni entendre, ni prétendre au champ qu'il s'était flatté d'avoir, se départit du lieu à bel ère, appelant à son aide tout l'enfer.

Il faut convenir que le fait d'une simple femme, sans autre défense que son bon sens et sa foi huguenote, qui d'un geste met le diable en fuite, est loin d'être banal et mérite qu'on le retienne ; alors surtout qu'à côté l'Église, avec ses pompes, son prestige, ses reliques, ses cérémonies, signes de croix, ses patenôtres, génuflexions, contorsions, grimoires, exorcismes et excommunications ne peut rien contre le diable, si ce n'est, triste satisfaction et dérisoire, de le poursuivre la flamme à la main, en brûlant le corps où il a élu domicile.

On peut voir au musée de Montpellier un

tableau curieux et intéressant, à ce titre qu'il nous reporte à la scène contée par Rabelais.

Ce tableau est de 1506, à peu près l'époque où Rabelais écrivait son *Pantagruel* œuvre d'un peintre de l'école lombarde, qui vivait à Milan, Monte Rubiano. Une femme, la Vierge sans doute, est debout, vêtue d'une longue tunique rouge serrée à la taille par une corde, et d'un manteau bleu. Elle tient par la main un bambin de cinq à six ans qu'un petit diable noir, velu, griffu, cornu, fait mine de vouloir emporter. La Vierge brandit un bâton et menace le diable, qui détale au plus vite, autant que le lui permettent ses jambes de bouc et ses ailes de chauve-souris.

N'y a-t-il pas là, comme dans l'histoire plaisante contée par Rabelais, une protestation contre les dogmes de l'Église et sa façon de traiter la femme, d'autant plus saisissante que le peintre et le poète y ont mis chacun ce que leur art a de plus exquis.

Et puisque nous y sommes, que l'on me permette de citer un autre trait emprunté au voyage de Pantagruel en l'île des Papefigues, qui paraît tout particulièrement favorable aux réformés.

Le diable, que la vieille de Papefigues avait si prestement éconduit, avait pour fonction spéciale, avec d'autres petits diableteaux de chambre, de pourvoir à l'ordinaire de M. Lucifer. Ce n'était pas toujours sans quelque peine. Si encore le diable se fût contenté d'avocats pervertisseurs de droits et pilleurs de pauvres gens, de notaires véreux, de marchands usuriers, voire de temps en temps d'un cafard qui aurait oublié de se recommander lui-même en son sermon, rien n'eût été plus facile. Mais on se fâche de toujours un pain manger. Or, M. Lucifer aurait bien voulu qu'on lui servît une fois à son déjeuner, après les farfadets, qui sont entrée de table, une demi-douzaine d'écoliers. Par malheur, les écoliers se faisaient rares, et voici la raison qu'en donne le diable, bon juge en cette matière :

« Ne sçay par quel malheur depuis certaines années ilz ont avec leurs estudes adjoincts les Sainctes Bibles. Pour ceste cause plus n'en pouvons au diable l'un tirer. Et croy que si les cafards ne nous y aident, leur ostans par menaces, injures, force, violence, et bruslement leur sainct Paul d'entre les mains, plus à bas n'en grignoterons [1]. »

Le propos est hardi, on en conviendra, et la comparaison cruelle : d'un côté les chicanous, déguiseurs de procès, notaires et autres qui

---

[1] Liv. IV, chap. LVI.

se sont empressés de faire dire au diable, par
un truchement patenté, qu'ils étaient tous et
tout à lui; de l'autre, des écoliers, sur lesquels
l'enfer est sans prise depuis qu'ils ont la Bible
et lisent les épîtres de saint Paul.

Ce serait une erreur de croire que les personnages de la grande épopée rabelaisienne soient
tous imbus de calvinisme.

Ce n'est pas assurément frère Jean que l'on
pourrait soupçonner d'appartenir à la religion
réformée ; sceptique, moqueur, voltairien avant
la lettre, avec plus d'esprit que Voltaire, j'entends plus fin, original et spontané, et moins
de recherche, de préciosité et de parti pris. Il
raille sans merci les dévots qui se croisent
pieusement les bras, laissant à la Providence le
soin d'agir à leur place, pour eux et sans eux.

« Je me donne à tous les diables, si le clos
de Seuillé ne fut tout vendangé et détruit, si je
n'eusses que chanté *Contra hostium insidias*,
comme faisaient les autres diables de moines
sans secourir la vigne à coups de bâton de croix
contre les pillards de Lerné (1). »

Il ne veut pas que l'on dise que s'il a le nez
long, c'est parce que Dieu l'a ainsi voulu. Dieu

1) Liv. IV. chap. xx.

n'a rien à voir en cette affaire. Si frère Jean a le nez long, c'est tout simplement parce que sa nourrice avait les tétins mollets et que, « en la laictant, son nez y enfondrait comme en beurre, et là s'élevait et croissait comme la pâte dedans la met ». Rien de plus! En toutes choses frère Jean est pour les explications naturelles; le surnaturel lui est suspect.

Ce n'est pas non plus Rabelais. Si je cite ici Rabelais parmi les personnages de son livre, c'est parce que l'auteur est en même temps, et plus souvent qu'on ne le croit en général, acteur dans son immortelle comédie. Il paraît en personne sur la scène et y remplit plus d'une fois le premier rôle. Ni papiste ni calviniste, tel fut Rabelais, avec un fonds religieux dont j'essaierai tout à l'heure de donner l'exposant, et qui lui venait moins de son éducation que de son tempérament et de son origine gauloise.

C'est encore moins chez Panurge que l'on pourrait trouver traces de calvinisme. Or, sans parler de son cortège habituel, Panurge est à lui seul une foule, dont le nom revient non pas une fois, mais un nombre incalculable de fois à chaque page du livre.

Panurge est catholique selon la formule: c'est le type du dévot orthodoxe, ennemi de tout ce qui a quelque apparence d'hérésie, et qui s'arrange, en sybarite de la pensée, dans sa croyance faite de pratiques liturgiques et de formules religieuses plutôt que de convictions personnelles, comme en un gîte commode et tranquille, à l'abri de tous les ennuis qu'entraîne après soi la lutte des idées.

Panurge est l'image du parfait dévot. Tout ce qui touche à l'église, les hommes et les choses lui inspire un saint respect. Ce qui ne l'empêche pas, lorsqu'il entre dans quelque église pour baiser les reliques — et on l'y voit souvent — de mettre la main au bassin des pardons, moins pour y laisser son offrande que pour y prendre l'argent déposé par les fidèles. Ces vols faits à l'église le laissent fort tranquille et sans le moindre remords. Bien au contraire, il trouve cela tout naturel. Lui fait-on remarquer qu'il commet là un sacrilège et se damne à plaisir, il répond sans plus s'émouvoir :

« Il vous semble, mais il ne me le semble quant à moi, car les pardonnaires me le donnent, quand ils disent me présentant les reliques à baiser, *centuplum accipies*, que pour un denier j'en prenne cent (1). »

1. Liv. II, chap. XVII.

La dévotion a, paraît-il, de ces complaisances.

Dans les parages des îles Tohu et Bohu, ayant fait rencontre d'une orque chargée de moines de tous ordres et autres saints religieux qui se rendaient au concile de Chesil « pour y grabeler les articles de la foi contre les nouveaux hérétiques » Pantagruel en paraît contrarié et se tient à l'écart, tout pensif et mélancolique. La contenance de Panurge est tout autre, empressé et guilleret il se porte à la rencontre des bons et béats pères concilipètes :

« Les voyant, Panurge entra en excés de joie comme asseuré d'avoir toute bonne fortune pour celui jour et aultres subséquents en long ordre. Et ayant courtoisement salué les béats pères et recommandé le salut de son âme à leurs dévotes prières et menus suffrages, fit jeter en leur nauf soixante dix-huit douzaines de jambons, nombre de caviars, dizaines de cervelas centaine de boutargues, et deux mille beaux angelots pour les âmes des trépassés [1]... »

Cette dévotion affectée, bruyante n'est pas rare chez Panurge, crédulité puérile, le plus souvent grossière et d'une vulgarité qui surprend chez un homme d'esprit et de ressources

_____

[1] Liv. IV, chap. v.

comme lui. toujours à l'affut des travers d'autrui
qu'il raille impitoyablement.

Pendant la tempête mémorable qu'eurent à
supporter les Pantagruélistes. alors que tout le
monde s'empresse. s'évertue. s'agite. courant
aux bris de la mer sans souci du danger. auquel
personne ne songe. Panurge veule. avachi. le
cul sur le tillac pleure. se lamente. et s'aban-
donne à toutes les folies et lâchetés de la peur
la plus superstitieuse qui soit. grotesque et répu-
gnante. pendant que frère Jean l'accable d'injures qu'il assaisonne de ses jurons coutumiers :
« Panurge le veau, Panurge le pleurart, Panurge
le criart ; tu ferais beaucoup mieux nous aidant
ici que là plourant comme une vache ; viens ici
de par trente millions de diables qui te sautent
au corps. Fi ! qu'il est laid le pleurart. » Cet
accueil plus que froid ne décourage pas Panurge
tant il a perdu le souci de sa dignité personnelle ; il court après le moine avec tous les
signes d'une dévotion platement intéressée où
la religion est ce qui manque le plus :

« Frère Jean. mon ami. mon père spirituel,
je naie. je naie. c'est fait de moi ; mon père,
mon ami. confession. Me voyez à genoils. *Con-
fiteor*. Votre sainte bénédiction. »

Et comme frère Jean le repousse et l'envoie

à mille millions et centaines de millions de diables, Panurge se met à le prêcher. Rien n'est comique comme l'air grave et convaincu de ce sermonneur d'occasion :

« Ne jurons point, mon père, mon ami, pour ceste heure. Demain tant que vous voudrez. Mon ami, mon père spirituel, ne jurons point. Vous péchez ! »

Enfin, de guerre lasse et comme il n'obtient de frère Jean que des rebuffades, le dévot Panurge se retourne vers les saints du paradis, et dans un discours équivoque, où il reprend d'une main ce qu'il a prétendu donner de l'autre, il leur promet, s'ils consentent à le mettre à terre et hors de danger, de leur édifier « une belle grande petite chapelle ou deux entre Quande et Monsoreau, et n'y paistra vache ne veau ».

La religion de Panurge n'eût pas été complète si, à cette veulerie dévote, il n'eût ajouté la haine des hérétiques.

On se rappelle que lorsque Panurge vint consulter le vieil poète Raminagrobis sur le cas de mariage, celui-ci se plaignit amèrement des persécutions qu'il avait à endurer de la part des moines et religieux de tous ordres.

A ce propos, Panurge, indigné, se pose comme le protecteur des bons Pères. Il traite Raminagrobis d'hérétique, et le voue aux bûchers de l'Inquisition, en attendant les flammes de l'enfer :

« Par la vertu Dieu, je crois qu'il est hérétique,
ou je me donne au diable. Il mesdit des bons
pères mendians, cordeliers et jacobins, qui sont
les deux hémisphères de la christienté... J'en
suis grandement scandalisé, je vous affie, et ne
m'en peux taire. Il a grièvement péché...

« Il est, par la vertu Dieu, hérétique. Je dis
hérétique formé, hérétique clavelé, hérétique
bruslable (1). »

Puis, par un de ces retours dont les dévots
sont coutumiers, car leur âme est à double face,
Panurge propose de revenir à cet hérétique brûlable, pour au moins sauver son âme.

« Retournons l'admonester de son salut. Allons au nom, allons en la vertu Dieu. Ce sera
œuvre charitable à nous faicte. Au moins s'il
perd le corps et la vie, qu'il ne damne son
asme. Nous l'induirons à contrition de péché et
à réquérir pardon ès dicts tant béats pères ; et
en prendrons acte, afin qu'après son trépas, ilz
ne le déclairent hérétique et damné (2). »

À ce dernier trait, on sent toute la différence
qui existe, essentielle, entre la religion de Pa-

(1) Liv. III, chap. xxii.
(2) Liv. III, chap. xxiii.

nurge et celle des géants de Rabelais. Il y a
dans la foi des Gargantua et des Pantagruel un
élément de moralité qui fait défaut chez Panurge. Sa dévotion est tout intellectuelle, superstitieuse et mondaine, et n'intéresse pas la
conscience. Panurge peut avoir pour le dogme
tout le respect que réclame l'orthodoxie catholique, il n'en est pas moins voleur et sacrilège,
et c'est sans le moindre scrupule qu'il s'appro-
prie l'argent des pardons. S'il fait des vœux à
la Vierge et aux saints, c'est avec toutes sortes
de réserves mentales qui en neutralisent d'avance
les effets et dont il rit sous cape. L'essentiel,
c'est qu'il ne soit pas hérétique. Sa religion ne
va pas au delà.

Ici, je prévois une objection. On me dira que
Panurge n'est pas toujours aussi respectueux
des choses saintes que je l'ai exposé, et l'on
m'opposera certains passages, où son naturel
railleur reprenant le dessus, il n'agit pas autrement que frère Jean et Pantagruel lui-même.
Ainsi, par exemple, en l'île Sonnante, ayant ob-
tenu, par faveur spéciale, de voir Papegault au
naturel, Panurge se conduit comme un gamin.
Où il aurait dû, en bon catholique, s'incliner
jusqu'en terre et baiser dévotement la sacrée
pantoufle, il prend un air gouailleur, et lâche

cette impertinence : « En mal en soit la bête ; il semble une dupe. Si ha bien une dupe. »

Panurge joue sur le mot dupe employé pour hupe ; ainsi désigne-t-il la tiare dont le sacro-saint chef du Saint-Père est couvert.

En si beau chemin, Panurge ne s'arrête plus, trop heureux de pouvoir rire au dépens du chef de l'Église.

Apercevant sous la cage du Papegault une chevêche (une chouette) : « Par la vertu de Dieu, dit-il, nous sommes ici bien pippés à pleines pipes, et mal équipés. Il y a par Dieu de la pip-perie, fripperie et ripperie tant et plus en ce manoir. » Et il ne demande pas mieux que de continuer sur ce ton, lorsque frère Jean, le rap-pelant au respect des convenances, fait sagement remarquer que puisqu'on ne peut voir ces diables d'oiseaux sans blasphémer, mieux vaut encore vider bouteilles et pots en louant Dieu.

Ailleurs, ce même Panurge déclare que les papes ne sont bons qu'à troubler la chrétienté par « guerres cruelles et félonnes ».

Aux Papimanes qui envient le sort des Pantagruélistes et les proclament heureux, trois et quatre fois heureux, parce qu'ils ont vu de leurs yeux le pape, vrai Dieu en terre, Pa-nurge réplique que pour son compte il en a vu trois « à la vue desquels il n'a guère profité ».

Il est le premier à se moquer des décrétales. Lorsque Homenaz se résout, après bien des difficultés, à les lui montrer à condition que lui et ses compagnons consentiront à jeûner, et régulièrement se confesser, épluchant curieusement et inventoriant leurs péchés, Panurge lui répond avec dédain : « Décrotoires, voire, dis-je, décrétales, avons prou vu en papier, en parchemin lanterné, en vélin, escrites à la main et imprimées en moule. Ja n'est besoin que vous poiniez à ceste-ci nous montrer (1). »

Il n'est pas jusqu'à la messe, dont Panurge ne se moque. Homenaz ayant proposé de lui dire une messe basse, ne pouvant, vu l'heure avancée en chanter une haute et légitime, « j'en aimerais mieux, dit Panurge, une mouillée de quelque bon vin d'Anjou. Boutez donc, boutez bas et roide. »

Pour moi, je persiste à croire que Panurge, en bon fils de l'église, respectueux et soumis, ne se serait jamais permis tels propos. S'il les formule, si même il feint d'en accepter la paternité, ce n'est pas lui qui parle ; il agit pour le compte d'autrui. Car il est évident, et j'ai déjà eu l'occasion de le faire remarquer, qu'il y a

____

1. Liv. IV, chap. XLIX.

dans le Livre deux Panurge, très dissemblables
par certains côtés, mais qui cependant se super-
posent, par instant se substituent l'un à l'autre
sans se confondre, gardant chacun son caractère propre et sa physionomie morale.

Il y a le Panurge dont j'ai donné le portrait
suivant une peinture authentique de Rabelais,
le Panurge facétieux, jovial, beau railleur, qui
ne songe qu'à s'amuser aux dépens d'autrui ;
puis un autre Panurge derrière lequel se tient Rabelais, auquel il souffle ses propres pensées et
dont il se sert comme d'un truchement, toutes les
fois qu'il a envie de paraître en personne sur la
scène où se joue la comédie pantagruélique.

C'est bien Panurge qui mange son blé en
herbe, et nul autre que lui n'eût si bien et avec
autant d'autorité fait l'éloge des « depteurs et
emprunteurs » ; mais c'est Panurge-Rabelais,
qui, saisissant au vol le paradoxe de son compère, se lance dans les considérations élevées
que l'on sait sur les conditions d'existence de
l'organisme social et la solidarité universelle.

Personne mieux que Panurge n'aurait su réciter et avec plus d'onction l'apologue quelque
peu libertin du roussin et de l'âne; ou bien
encore l'aventure de la sœur Fessue, qui ne
rougit pas de recevoir en son lit le frère Roi-

dinet, mais qui, pour rien au monde, ne consentirait à l'avouer, s'étant confessée au gentil clerc à son départ de la chambre, lequel lui avait baillé en pénitence de n'en rien dire à personne. « Énorme en effet eut été le péché révéler la confession et trop détestable devant Dieu et ses anges. »

Mais croyez bien que Panurge n'est pour rien dans la grande satire, qui remplit plusieurs chapitres du quart livre, contre les moines, la papauté et l'Église, acerbe, incisive, mordante et qui dépasse en violence tout ce que les Huguenots ont écrit sur le même sujet.

Et je ne parle pas de l'île Sonnante où Rabelais s'attarde en des plaisanteries qui ont l'air d'une reprise du vrai Panurge ; je parle du séjour que fit Pantagruel chez les Papimanes, qui est tout le temps une fête pour l'esprit, pour la raison et pour la conscience. Il y a là huit ou dix chapitres qui sont une merveille : *Comment par Homenaz nous fut montré l'arche-type d'un pape ; devis durant le dîner à la louange des décrétales ; comment par la vertu des décrétales est l'or subtilement tiré de France en Rome*, et d'autres encore qu'il faut lire, que l'analyse la meilleure gâterait et défigurerait. Un résumé, si bien fait fut-il, ne rendrait jamais la finesse, l'à-propos, la justesse, la solidité de cette critique des abus inhérents à l'Église. Jamais personne n'a mis à nu, comme le fait Rabelais, les turpitudes de la papauté, et montré à quel danger la politique de la cour romaine expose le monde et la civilisation.

La critique de Rabelais porte spécialement sur les décrétales, qui sont comme la constitution même de l'Église et l'essence de la religion catholique.

Mais qu'est-ce que les décrétales ? Ici une digression s'impose, que j'abrégerai le plus qu'il me sera possible.

On donne le nom de décrétales aux différents recueils qui contiennent les rescrits ou ordonnances, décisions et règlements émanés de la cour pontificale ; rescrits trouvés dans un grand nombre de lettres publiques ou privées, écrites par le souverain pontife à des évêques, prêtres et simples fidèles.

Le premier de ces recueils que l'on désignait sous le nom de *Décret* remonte au sixième siècle. Ce n'est que plus tard, vraisemblablement dans la première moitié du treizième siècle, que le nom de *décrétales* leur fut donné.

Or il semblerait que cette substitution de nom ait coïncidé avec une recrudescence très marquée du pouvoir papal et une aggravation des charges imposées aux fidèles par l'Église.

Quelques-uns même ont attribué cette poussée de despotisme ecclésiastique et religieux à l'apparition des décrétales.

Rabelais paraît avoir partagé cette opinion.

Homenaz ayant complaisamment énuméré les miracles accomplis par les décrétales, frère Jean demande pourquoi l'on dit :

> Depuis que Decretz eurent ales,
> Et gens d'armes portèrent males,
> Moines allèrent à cheval,
> En ce monde abonda tout mal.

C'est le renversement de l'ordre tel qu'on le conçoit dans une société laïque et civile. Les guerriers, n'étant plus que de vulgaires porte-balles tandis que les moines à cheval se prélassent, le mal est partout. Homenaz, qui ne voudrait pas que l'on attribuât ce désordre aux décrétales de Dieu, se hâte d'ajouter en guise de conclusion : « ce sont petits quolibets des hérétiques nouveaux ». Le propos de frère Jean était d'ailleurs un proverbe courant à cette époque. Théodore de Bèze en parle : « Personne n'ignore que le proverbe dit : Le jour où les décrets eurent ailes, le monde fut malheureux. »

Pour bien comprendre ce proverbe, il faut

savoir que, dans le patois du Languedoc, avoir
des ales (ailes) ou prendre ales, signifie se *donner des airs*.

Frère Jean insinuerait que les *décrétales* ne
sont que de faux *décrets*, constitutions que les
papes ont ajoutées au *décret* primitif, contraires
à toute bonne discipline religieuse, et qui auraient déchaîné sur le monde les pires maux.

Homenaz n'exagère donc pas, lorsqu'il trace
le tableau suivant des calamités dont la chrétienté eut à souffrir de la part des papes agissant dans l'esprit des décrétales.

« Cela luy est non seulement permis (au pape)
et licite mais commandé par les sacres décrétales, et doit à feu incontinent empereurs, rois,
ducs, princes, républicques, et à sang mettre
qu'ilz transgresseront un iota de ses mande-
mens: les spolier de leurs biens, les déposséder
de leurs royaumes, les proscrire, les anathéma-
tiser, et non seulement leurs corps, et de leurs
enfans et parens aultres occire, mais aussi leurs
âmes damner au parfond de la plus ardente
chaudière qui soit en enfer (1). »

Les *Extravagantes*, que Homenaz qualifie
d'Angéliques parce que « sans elles périraient

_____

(1) *Pantagruel*, liv. IV, chap. L.

les pôvres âmes lesquelles ça bas errent par les corps mortels en ceste vallée de larmes », ne disent-elles pas que le pape est au-dessus du droit (1) ; qu'il a le pouvoir absolu; qu'il jouit de la pléaitude de la puissance et que personne n'oserait lui dire : « Seigneur, pourquoi agissez-vous ainsi 2) ».

Dès le neuvième siècle, les décrétales décernent au pape le titre de Dieu et lui attribuent la puissance divine.

« Il est démontré que le pape ne peut être lié ni délié par le pouvoir séculier, lui que le pieux prince Constantin a appelé Dieu 3). »

Au quatorzième siècle, Clément V renouvelle cette prétention, et la doctrine devient courante, recommandée par la cour romaine. Et l'on voit les meilleurs esprits s'y soumettre. L'historien Froissart n'hésite pas à écrire : « Comme il n'est qu'un Dieu en cieux, il ne peut ni doit être de droict qu'un seul Dieu sur terre. »

C'est la doctrine des Papimanes « desgraisseurs et glossateurs des uranopètes décrétales ».

(1) *Extravagantes*, liv. II, glose, colonne 230. « Papa est supra jus. »

2) *Id.* de Jean XXII. « Papa habet potestatis plenitudinem. Papa gaudet plenitudinem potestatis ; nec est qui audeat dicere : « Domine, cur ita fecis. »

(3 Nicolas Ier, Décret, 1re partie.

Pantagruel ayant abordé dans leur île, toute la population se porta vers le havre, poussant ce seul cri : « L'avez-vous vu ? Gens pérégrins, l'avez-vous vu ? » Et comme les Pantagruélistes, ne comprenant rien à cette clameur quelque peu énigmatique, demandent qu'on veuille bien leur dire quel est ce personnage qu'ils appellent l'Unique. « c'est, dirent-ils, celui qui est : l'avez-vous vu ? — Celui qui est, répondit Pantagruel, par notre théologique doctrine est Dieu ; et en tel mot se déclara à Moïse. Oncques certes ne le vismes, et n'est visible à œils corporels. — Nous ne parlons mie, dirent-ils, de celui hault Dieu qui domine par les cieux. Nous parlons du Dieu en terre. L'avez-vous oncques vu (1) ? »

Et comme Panurge leur répond que, pour sa part, il en a vu trois, les Papimanes s'agenouillant lui veulent baiser les pieds, et la foule prise de délire, leur fait cortège en criant : « Ils l'ont vu ! Ils l'ont vu ! Ils l'ont vu ! »

Et Rabelais fait malicieusement observer que ce cri dura plus d'un quart d'heure.

Or, cette doctrine des Papimanes, quelque étrange qu'elle paraisse au regard de la raison ou même du simple bons sens, n'est pas autre chose que la doctrine catholique orthodoxe.

(1) Liv. IV, chap. XLVIII.

Il est une autre qualité des décrétales, que je ne voudrais pas oublier, la plus divine de toutes au jugement d'Homenaz, et celle qu'il respecte et apprécie le plus : c'est le pouvoir de tirer, chaque année, de France en Rome, quatre cent mille ducats et davantage. Devant cette « auriflue énergie », Homenaz tombe en extase et jure par le sien Dieu qu'il n'est livre au monde, « pas même le Saint Évangile, qui en puisse faire autant ».

Rabelais n'a pas assez de sarcasmes pour ces décrétales tant vénérées par l'Église, et qui sont comme le rempart de la foi catholique.

Ce sont les amis de Pantagruel qui, dans un de ces accès de fou rire, où s'alimente leur sagesse, bafouent le pauvre évêque de Papimanie et l'inondent d'histoires plus invraisemblables les unes que les autres, fantasques, ridicules, grotesques, que dans la simplicité de sa foi il salue comme autant de miracles advenus par la vertu des uranopètes décrétales.

C'est enfin Homenaz lui-même, dont la raison fait naufrage en ce banquet servi par des filles pucelles mariables du lieu, où il fut vidé maints grands hanaps de vin, extravagant, et qui s'effondre dans le ridicule.

« Ici commença Homenaz rotter, petter, rire

et baver, et suer : et bailla son gros bonnet à quatre braguettes à une des filles, laquelle le posa sur son beau chef, en grande allaigresse, après l'avoir amoureusement baisé, comme gaige et asseurance qu'elle seroit mariée. Icy commença Homenaz jetter grosses et chauldes larmes, battre sa poitrine, et baiser ses pouces en croix (1). »

Le long exposé que je viens de faire de la mentalité religieuse des principaux personnages de la comédie rabelaisienne ne nous a encore rien appris sur la religion de Rabelais.

Nous savons cependant qu'il n'était ni papiste ni calviniste. Certains passages de son livre permettent d'affirmer qu'il inclinait vers la Réforme ; s'il n'était pas entré dans le mouvement, c'est par haine du dogmatisme. Combien de bons esprits, à cette époque, étaient dans le même cas, avides d'indépendance que la Renaissance, fraternelle et avec son caractère essentiellement encyclopédique, avait détachés de l'Église de Rome, incapable, en raison même de sa discipline et de son dogme, de soutenir sa prétention à la catholicité.

Rabelais ne se pique pas de philosophie ; son gros et grand bon sens lui en tient lieu, et c'est

____
1 Liv. IV, chap. LIV.

un guide aimable et sûr en toutes circonstances.
Il ne croit pas aux miracles. Homenaz ayant
surpris un sourire d'incrédulité sur le visage
des Pantagruélistes, auxquels il essaie de faire
accroire que les *sacres* décrétales avaient été
écrites de la main même d'un ange chérubin, il
leur pose directement cette question : « Vous
aultres gens Transpontins ne le croyez-vous
pas. — Assez mal », répond Panurge.

La foi d'autorité, la foi orthodoxe lui semble
une abdication de soi-même et une injure à la
raison. Il se moque agréablement des gens qui
croient avec d'autant plus de force — j'allais dire
de conviction — qu'ils n'ont aucune raison de
croire.

Lorsque l'on arrive à dégager la pensée intime de Rabelais des propos si variés et divers
qui remplissent le livre, on ne tarde pas à
s'apercevoir que cet esprit droit et sans feinte
ni détours était naturellement religieux. J'entends par là que cet état d'âme était chez lui
bien moins le produit de l'éducation, des habitudes familiales, de l'environnement que la
conséquence d'un fonds naturel, peut-être une
qualité de race. Et c'est ce qui explique comment l'esprit de combativité, qui est le propre de
toutes les religions révélées, manque absolu-

ment à sa croyance. La religion de Rabelais est simple, sereine, sans haine et sans colères, sans dogmes ni formules, entraves à la pensée, sans ombre de métaphysique. Rabelais s'étant toujours, non sans quelque affectation parfois, tenu en dehors de la spéculation philosophique; religion sans mysticisme, ni intellectuelle ni sentimentale, pratique avant tout, humaine, et, pour tout dire, naturelle.

Rabelais croyait-il en Dieu? Je n'en doute pas à la façon dont il en parle. Mais il est aisé de voir qu'il prend ce mot Dieu dans un sens bien différent de celui qu'on lui donne en général, et qu'il y attache une idée à lui.

Nous avons le tort grave de vouloir appliquer à toutes les croyances les classifications de l'école, dont il serait grand temps de nous défaire, surannées, qui ne répondent à rien et sont en contradiction manifeste avec les données les mieux établies de la science contemporaine.

Sous l'influence d'une légende acceptée par l'orthodoxie catholique et par l'orthodoxie protestante, d'après laquelle nous aurions été faits à l'image de Dieu, nous avons pris l'habitude de faire Dieu à notre ressemblance; en conséquence nous lui attribuons une volonté, une raison et une conscience en tout semblables à notre volonté, raison et conscience, comme s'il pouvait exister une commune mesure entre le relatif et l'absolu, le fini et l'infini. Il n'est pas nécessaire pour adorer que le Dieu objet de cette adoration soit un Dieu personnel. La personnalité est un fait humain. Appliquée à l'absolu, elle l'amoindrit et le fait déchoir. Intelligence et volonté ne supposent pas nécessairement l'existence d'une personne dans le sens psychologique du mot. On sait aujourd'hui que des infiniment petits, les plastides par exemple, qui sont des cellules formées par une petite masse de protoplasme sans membrane cellulaire, se meuvent en vue d'un but déterminé, en raison d'affinités ou sympathies qui leur sont propres. Or, à les considérer soit en eux-mêmes, soit dans leur résultat, il n'est pas possible de refuser à ces mouvements l'intelligence et la volonté.

Ce qui est vrai de l'infiniment petit l'est aussi dans le cas particulier de l'infiniment grand. Trop longtemps nous avons cru que l'univers était inerte, et nous l'opposions, sous le nom méprisé de matière, à l'esprit. Mais voici que l'on s'aperçoit aujourd'hui que l'univers entier vit ; et la vie c'est le sentiment, c'est la conscience, c'est la volonté. La matière est douée de sensibilité. Le métal sent, il lui arrive d'être

fatigué, il est malade, on l'anesthésie, il revient
à lui-même et reprend de nouvelles forces après
un temps de repos, il meurt. Il y a dans la nature un principe de spiritualité dont notre esprit est une manifestation particulière. Mais on
ne saurait admettre que l'esprit absolu soit li-
mité à cette manifestation unique.

L'Univers, le Grand Tout, l'Être, Dieu, c'est
tout un. Ces noms divers ne sont que la mesure
de l'angle visuel sous lequel l'absolu nous est
apparu. Et si jamais il s'abaissait jusqu'à nous
ressembler, de Tout qu'il est, il ne serait plus
rien. C'est pourquoi le Dieu des religions révélées n'est qu'un démiurge créé par notre imagination, au moyen duquel nous entrevoyons
l'absolu que nos yeux ne peuvent voir et que
notre esprit ne peut comprendre.

Ils ne disent pas autre chose ceux qui parlent d'une religion de l'avenir, religion positive
qui, tout en respectant les décisions de la
science, donnerait satisfaction au sentiment
religieux, aussi nécessaire à l'homme que le
sens du beau. Car l'antinomie n'est pas entre
le sentiment religieux et la certitude scientifique. Rejeter l'un et conserver l'autre c'est commettre une double erreur. Il faut bien comprendre
en effet que si la raison a besoin de certitude, la

certitude est moins une limite qu'un commencement. Autrement où serait le progrès ? La
certitude est faite d'hypothèses successives.
Sans au-delà, la certitude serait à l'esprit humain une prison. Par delà la certitude s'ouvre
ce pays du mystère, l'inconnaissable au regard
de la science, le probable pour l'esprit affamé
d'idéal. Mais comprenons-nous bien. Le probable dont je parle n'est pas cette contrée du
rêve où viennent aboutir par des voies différentes
les métaphysiciens et les fumeurs d'opium :
c'est un probable raisonnable où la pensée arrive
par des déductions logiques fondées sur le certain.

Dès lors, il est facile de comprendre que Rabelais, esprit naturellement religieux, ait pu croire
en Dieu sans partager sur ce point les idées de
l'orthodoxie catholique ou de l'orthodoxie protestante.

En plusieurs circonstances Rabelais parle de
la nature en des termes tels qu'il est permis de
se demander s'il ne la considérait pas comme
l'égale de Dieu. De là à les identifier il n'y a qu'un
pas. C'est ce qui sépare le théisme du panthéisme. Or il est permis de croire que ce pas Rabelais l'avait fait.

Pantagruel, dans le but de convaincre frère

Jean, qui n'y croit guère, de la réalité d'une vie future, récite une histoire empruntée à Plutarque sur la mort du Grand Pan. Peu à peu et comme chose toute naturelle, Pantagruel établit entre Jésus-Christ et le dieu Pan un parallèle si complet qu'il arrive à les confondre en un seul personnage. « C'est à bon droit, dit-il, que Jésus-Christ peut être en langage grégeois dist Pan. C'est le bon Pan, le grand pasteur qui, comme atteste Corydon, non seulement ha en amour et affection les brebis, mais aussi les bergers. »

Enfin, à deux reprises et en des circonstances très diverses, Rabelais donne de Dieu une définition, dont se servira plus tard Pascal, mais en la défigurant et en l'appliquant non plus à l'infinie intelligence, mais à l'infini de l'univers matériel.

À la fin du livre, au moment où les Pantagruélistes prennent congé de la Dive Bouteille, Bacbuc leur adresse un adieu ému et un dernier avertissement qui est le fond et le très-fond de la sagesse et de la science.

« Allez, amis, en protection de cette sphère intellectuelle de laquelle en tous lieux est le centre, et n'ha en aucun lieu circonférence, que nous appelons Dieu. »

Après cette citation on ne saurait hésiter.

La religion de Rabelais était le panthéisme.

CHAPITRE IX

LE MÉDECIN

Le docteur François Rabelais débute par un accouchement. A l'inverse de cette mère dont parle Musset, qui fit son enfant tout petit pour le faire avec soin, Gargamelle fait le sien énorme ; aussi y mit-elle du temps. S'il faut en croire Rabelais, sa grossesse dura onze mois. Ce qui n'a rien d'étonnant, si l'on songe qu'il s'agit d'un géant appelé aux plus hautes destinées. « Car, dit Rabelais, aultant, voire d'advantage peuvent les femmes ventre porter, mesmement quand c'est quelque chef-d'œuvre et personnage qui doive en son temps faire grandes prouesses (1). »

A l'appui de cette thèse, Rabelais cite le cas

(1) Liv. I, chap. III.

de l'enfant de Neptune que sa mère porta toute une année ; il invoque le témoignage d'Hippocrate, de Pline, d'Aristote et d'une foule d'auteurs anciens, médecins et philosophes qui lui donneraient raison. La vérité est que jamais grossesse n'a autant duré, et la loi française en admettant comme limite extrême 300 jours a été aussi loin que possible. Toutefois, de faits attestés par des auteurs sérieux il résulterait que certaines grossesses auraient duré jusqu'à 310 jours ; mais cela ne ferait jamais que 10 mois et quelques jours et non point une année entière.

Gargamelle étant en mal d'enfant, une orde vieille de la Compagnie, laquelle avait une grande réputation de savoir en médecine, fut invitée à lui administrer des remèdes. Il n'est pas bien facile de discerner si cette médication est dirigée contre le dévoiement intestinal survenu à la suite d'une indigestion que la malade aurait contractée en mangeant grand *planté* de tripes, ou contre les douleurs de l'enfantement. Ce qui ferait croire à une indigestion c'est la nature même des remèdes employés. En effet, Rabelais nous dit que l'on fit prendre à Gargamelle un *restrictif* si horrible « que tous les *larris* tant furent oppilés et ressérés que à grand peine avec les dents vous les eussiez élargis (1) ». Ces restrictifs ce sont les astringents de la pharmacopée classique. Quant aux larris, Rabelais désigne par ce mot les parois vaginales, ce qui ferait penser à l'accouchement lui-même ; d'autant que Rabelais ajoute tout aussitôt que « par cet inconvénient furent au dessus relachés les cotyledons de la matrice ». Par cotyledons on entendait alors, avec Ambroise Paré, les extrémités des veines et artères menstruelles. Aujourd'hui c'est la face du placenta adhérente à l'utérus et par laquelle se font les échanges de sang entre la mère et l'enfant.

Rabelais nous fait ensuite assister à la naissance de Gargantua. « Et entra l'enfant en la vène creuse (cave) et gravant par le diaphragme jusques au dessus des espaules où la dicte vène se part en deux, print un chemin à gauche et sortit par l'oreille sénestre (2). »

Est-il besoin de dire que ce trajet est tout à fait fantaisiste, pour une foule de raisons dont la meilleure est que la veine cave, gros vaisseau qui ramène au cœur le sang de diverses parties du corps, n'aboutit pas à l'oreille, mais s'arrête au cœur. Rabelais le savait bien qui s'empresse

(1) Liv. I, chap. VI.
(2) *Ibid., ibid.*

d'ajouter : « Je me doute que ne croyez assurément ceste estrange nativité. » Mais alors pourquoi revient-il tout à coup sur la concession
apparente qu'il vient de faire, et conjure-t-il ses
lecteurs de croire à la version qu'il a donnée il
n'y a qu'un instant sur la naissance de Gargantua.

N'y aurait-il pas dans l'insistance qu'il met, à
faire admettre comme vrai l'invraisemblable,
une allusion discrète à la légende évangélique
et une critique dissimulée du dogme de la naissance surnaturelle de Jésus-Christ. Ce qui me
ferait pencher pour cette explication, c'est que,
reléguant au dernier plan les motifs de croire
empruntés à la fable grecque, la naissance de
Bacchus par exemple « engendré par la cuisse
de Jupiter, de Minerve, sortie du cerveau par
l'oreille du même Jupiter, d'Adonis, qui nacquit
de l'écorce d'un arbre » et tant d'autres, Rabelais invoque la Bible et fait intervenir Salomon
et saint Paul pour persuader à ses lecteurs qu'il
leur convient de croire « en foi parfaite » même
l'absurde, surtout l'absurde, suivant l'enseignement des Sorbonnistes qui disent que « foi est
argument des choses de nulle apparence (1) ».

Rabelais aime à faire état de ses connaissances

(1) Liv. I, chap. vi.

anatomiques. Quand je dis qu'il en fait état, ce n'est pas qu'il y apporte la moindre préoccupation personnelle, comme de vanité; c'est plutôt chez lui amour du détail et de la précision; et puis il ne faut pas s'étonner si le praticien qui avait été un des premiers à interroger le cadavre le scalpel à la main, éprouve un réel plaisir, plaisir de savant, à décrire les organes du corps humain, leurs fonctions respectives, leur utilité, leurs maladies.

Frère Jean, dans la défense du clos de l'Abbaye, lui fournit à cet égard de nombreux sujets d'observations. Il n'est pas un membre du corps, sans parler des organes intérieurs, que le moine offense avec son bâton de croix, dont Rabelais ne fasse mention.

« Es uns escarbouillait la cervelle, ès aultres rompait bras et jambes, ès aultres deslochait (disloquait) les spondilles (vertèbres) du col, ès aultres démolait les reins, avalait le nez, poschait les yeulx, fendait les mendibules, enfonçait les dents en la gueule, descrouillait les omoplates, sphacelait les grèves (meurtrissait les jambes), desgondait les ischies (hanches), débécillait les focilles (fracturait les os de l'avant-bras, cubitus et radius) (1). »

(1) Liv. I. chap. XXVII.

Plus loin, frère Jean, toujours avec son bâton de croix, frappe un des fuyards à la tête, et d'une si curieuse façon que, du choc, le crâne éclate comme une noix que l'on écraserait entre les mains. « Si aulcuns sauver se voulaient en fuyant, à ïceluy faisait voler la teste en pièces par la commissure lambdoïde (1). » La commissure lambdoïde est une des sutures des os du crâne réunissant les pariétaux à l'occipital.

Dans une escarmouche dirigée par Picrochole contre les gens de Gargantua, frère Jean se rue avec une telle fureur sur son adversaire qu'il le jette à bas de son cheval. Et voici avec quel luxe de détails et d'aperçus anatomiques Rabelais décrit l'événement, un simple coup porté sur l'épaule.

« Adonc le moine avec son baston de croix lui donna entre col et collet sur l'os acromion si durement qu'il l'estonna, et fit perdre tout le sens et le mouvement (2). »

L'acromion, c'est l'extrémité de la crête de l'omoplate, qui forme, avec l'apophyse coracoïde et la tête de l'humérus, le sommet de l'épaule.

Frère Jean ayant été fait prisonnier, deux archers sont commis à sa garde, si peu exercés

(1) Liv. I, chap. XXVII.
(2) Liv. I, chap. XLIV.

aux choses de la guerre qu'ils ne songent même
pas à lui retirer ses armes. Mal leur en prit.
Profitant d'un moment, où, distraits, ils regardent vers la vallée où vient de disparaître le gros
de l'armée de Picrochole, le moine tire son braquemart et en frappe l'archer de droite. « Lui
coupa entièrement, dit Rabelais, les veines jugu-
laires et artères sphagitides du col avec le gargaréon jusques ès deux adènes ; et retirant le
coup lui entrouvrit la mouelle spinale entre la
seconde et tierce vertèbre (1). »

Les *artères sphagitides* sont apparemment
les artères carotides ; le *gargaréon* serait le larynx. Les deux *adènes* ne peuvent être que le
corps thyroïde, composé de deux lobes, qui se
trouve au-devant du larynx.

Cette description achevée, Rabelais ajoute,
avec cette bonhomie qui fait le charme du récit :
« Là, tomba l'archer tout mort. »

Quant à l'autre, celui de gauche, frère Jean
l'arrange de même façon.

« Lors d'un coup lui tranchit la teste, lui cou-
pant le test (*le crâne*) sur les os petreux (os des
tempes), et enlevant les deux os bregmatis (le
bregma est le sommet du crâne) et la commis-

---

(1) Liv. I, chap. XLIV.

sure sagittale avec grande partie de l'os coronal
(frontal) ; ce que faisant lui tranchit les deux mé-
ninges, et ouvrit profondément les deux posté-
rieurs ventricules du cerveau ; et demoura le
crasne (*la calotte supérieure ainsi détachée*) pendant sur les épaules, adhérent à la peau du péri-
crasne par derrière en forme de bonnet doctoral,
noir par dessus (*côté chevelu*), rouge par dedans
(*côté interne et cérébral*) (1). » Après quoi, Rabelais, fidèle à son besoin d'exactitude répète,
comme pour le premier : « Ainsi tomba roide
mort en terre. »

Tout cela pour expliquer que l'épée de frère
Jean avait coupé le crâne de son adversaire ho-
rizontalement, en telle façon que la portion supérieure de la tête, retenue par la peau de l'oc-
ciput, pendait en arrière comme le chapeau d'un
cardinal.

Je ne voudrais pas terminer cette revue des
passages du livre où il est question d'anatomie,
sans parler d'une opération curieuse, faite avec
une remarquable sûreté de main par Panurge.

Dans un combat avec les géants, Épistémon
avait eu la tête tranchée par un éclat de pierre
de grison (grès). Il est difficile d'admettre que

(1) Liv. I. chap. XLIV.

cette arme, qui rappelle les silex de l'homme
des cavernes, en la supposant aussi tranchante
que possible, ait pû séparer la tête du tronc,
sans froisser grièvement les nerfs et tendons et
sans déchirures profondes des muscles. Panurge,
homme de ressource, ne se laisse pas déconcerter
par la gravité de la blessure et se met en devoir
de réparer le dégât. Voici, d'après Rabelais, comment il opère :

« Print la tête et la tint sur sa braguette chaudement, affin qu'elle ne print vent. Adoncq nettoya très bien de beau vin blanc le col et puis
la teste, et y sinapisa de poudre de diamerdis,
qu'il portait toujours en l'une de ses faques ;
après les oignit de je ne sçai quel oignement, et
les afusta justement veine contre veine, nerf
contre nerf, spondyle contre spondyle, affin
qu'il ne fut torti colli, car telles gens il haïssait
de mort. Ce fait, lui feit à l'entour quinze ou seize
points d'aiguille affin qu'elle ne tombast de rechef ; puis mist à l'entour un peu d'un onguent,
qu'il appelait ressuscitatif (1). »

C'est le pansement classique. On remarquera
que Panurge s'empresse de mettre la tête d'Épistémon à l'abri de l'air et la tient chaudement sur

____

(1) Liv. II, chap. XXX.

ses genoux, afin de conserver au sang contenu dans le cerveau sa chaleur naturelle et sa fluidité. Après quoi, au moyen de tampons de chanvre ou de lin, trempés dans du vin, il nettoie avec soin la plaie. Panurge fait, sans s'en douter, de l'asepsie et de l'antisepsie : deux opérations qui sont entre elles comme la prophylaxie et le remède.

Chez les anciens on se servait pour laver les blessures, du vin dont on ignorait les propriétés antiseptiques. Plus tard, en 1289, un médecin en renom de l'Université de Montpellier, Arnaud de Villeneuve découvrit l'esprit-de-vin qui remplaça le vin dans le pansement des plaies. Cependant, l'usage de « l'eau ardente » ou même du vin, était loin d'être général au seizième siècle, et l'on doit savoir gré à Rabelais d'avoir engagé Panurge dans une opération qui pouvait alors passer pour hardie.

La plaie ainsi préparée, Panurge rapproche avec un soin méticuleux les deux parties, la tête et le tronc, de manière à obtenir l'adhérence immédiate, fait quelques points de suture, entoure la blessure de bandes enduites d'un onguent de son invention, puis soudain Épistémon se met à respirer, ouvre les yeux, éternue et fait un gros pet de ménage : à quoi Panurge reconnaît que la guérison est complète.

Panurge se sert à deux reprises d'onguent qu'il applique sur la plaie.

Ces onguents, aujourd'hui abandonnés, étaient préparés avec des substances résineuses, auxquelles on ajoutait quelquefois du vert-de-gris ou acétate de cuivre, matières antiseptiques, dont l'emploi judicieux pouvait faciliter dans une mesure restreinte, il est vrai, mais appréciable cependant, la guérison des plaies.

Ce qui surprend et intéresse surtout dans cette opération, ce n'est pas tant la guérison absolument fantastique d'Épistémon, que la façon dont elle est conduite. On remarquera qu'il n'y a pas trace de suppuration, non plus que de ces bourgeons charnus, qui jusqu'à ces derniers temps — je parle d'un demi-siècle tout au plus — ont été généralement considérés comme nécessaires à la cicatrisation et à la guérison des plaies. Du moins, Rabelais n'en parle pas ; et il faut bien admettre que si cet oubli n'est pas comme un pressentiment de ce que l'on devait découvrir bien plus tard, on doit y voir un doute sur la valeur d'une croyance universellement admise par les savants de son époque. Peut-être aussi avait-il présent à l'esprit ce précepte d'Hippocrate : « Dans les plaies, la sécheresse est plus près de l'état sain, l'humidité plus près de l'état morbide. »

Quoi qu'il en soit, la méthode employée par Panurge bien avant Hunter, qui vers la fin du dix-huitième siècle revint aux pansements par réunion immédiate des plaies enseigné par Hippocrate, et trois siècles avant Lister, qui démontra l'inutilité de la suppuration dans la guérison des plaies, fait le plus grand honneur à Rabelais.

C'est presque une surprise que de trouver formulées, dès le seizième siècle, les règles fondamentales du pansement moderne. Comme le dit très bien M. le professeur Émile Forgue, de l'Université de Montpellier : « La réunion immédiate. l'antisepsie des topiques, l'asepsie même de l'opération : tout cela, c'est de l'histoire très ancienne (1). »

Mais laissons, pour un instant, toute cette anatomie et venons-en à la médecine proprement dite.

Après avoir dépensé en menus plaisirs le plus clair de ses revenus, Panurge, qu'un paradoxe de plus ou de moins n'embarrassait guère, fait l'éloge de la pauvreté et soutient, avec un luxe d'arguments digne d'une meilleure cause, qu'il

_____

(1) *Empiriques et Chirurgiens.* Discours prononcé à la séance de rentrée des Facultés de Montpellier. le 4 novembre 1901. par M. le docteur Forgue.

n'est au monde de bonheur plus grand que
d'avoir des dettes, « car, dit-il, debtes sont montagnes de vertus décrites par Hésiode, et aussi
acte des quatre vertus principales ».

Or, la tempérance étant une des vertus cardi-
nales, Panurge est amené, par une association
d'idées quelque peu fantaisiste, comme on sait
qu'il n'est pas de raisonnement qui le soit davantage, à citer le proverbe « manger son blé en
herbe, » qui s'appliquait on ne peut mieux à son
état du moment. Et qu'a-t-il besoin pour vivre
sinon de salades et de racines, à la façon des
ermites, dont il consent à adopter désormais la
diète, jusques au mépris des appétits sensuels.
Cette résolution le conduit tout naturellement à
envisager les avantages d'une nourriture exclusivement végétale et à décrire les effets physiologiques de ce régime.

Le passage est intéressant et vaut qu'on le
cite en son entier : « De bled en herbe vous
faites belle saulce verde, de légère concoction,
de facile digestion, laquelle vous épanouit le
cerveau, esbaudit les esprits animaux, resjouit
la vue, ouvre l'appétit, délecte le goût, asseure
(*raffermit*) le cœur, chatouille la langue, faict le
tainct clair, fortifie les muscles, tempère le sang
(*on dit aujourd'hui raffraichit le sang*), allège le

diaphragme (*c'est-à-dire rend la respiration plus aisée*), raffraîchit le foie, désopile la rate, soulage les rognons (*agit à titre de diurétique*), assouplit les reins (*ce sont les lombes*), dégourdit les spondyles (*vertèbres*), vide les uretères (*toujours agissant comme diurétique*), dilate les vases spermatiques, abrévie les crémastères (1)... »

Par ce dernier trait, Rabelais veut dire que l'emploi des légumes dans l'alimentation a, entre autres effets, celui de tonifier les crémastères, muscles dont la fonction est de soutenir et remonter les testicules, et qui, lorsqu'ils sont trop relâchés, exposent à des orchites et épididymites.

Voilà, certes, un tableau tracé de mains de maître, et qui pourrait, à l'occasion, servir de programme à une société de végétariens. Rabelais avait-il l'intention de faire l'éloge du régime végétal et voulait-il donner à entendre que ce traitement par les légumes, véritable panacée, pouvait convenir à toutes sortes de maladies ? Je ne le crois pas. Faut-il y voir une pensée ironique à l'adresse des partisans du végétarianisme ? Peut-être. Le plus sage, en tout cas, est de s'en rapporter à Pantagruel, qui

1. Liv. III, chap. II.

l'interprète comme un éloge des gens qui dépensent à tort et à travers. « J'entends bien, dit-il, vous inferez que gens de peu d'esprit ne sauraient beaucoup en bref temps dépendre. »

Ici, j'arrive au passage peut-être le plus important et le plus intéressant du livre, où il est traité de médecine, de politique et de sociologie. Pour ce qui est de ces deux dernières sciences, je m'en suis expliqué dans le chapitre sur la politique de Rabelais ; reste la médecine.

Dans les chapitres III et IV du tiers livre, Panurge, parlant en lieu et place de Rabelais, fait, en un langage magistral, un exposé de l'état des connaissances physiologiques à son époque sur la digestion, la nutrition intercellulaire, la circulation, l'action du cerveau sur le reste du corps.

Le chapitre IV, notamment, présente à cet égard un intérêt scientifique considérable. Cette page du livre serait à citer tout entière, si l'on ne craignait de fatiguer le lecteur, peu familier avec le langage de Rabelais ; cependant, on me permettra d'en transcrire le passage principal. On est surpris de l'étendue, de la sûreté des connaissances que possédait Rabelais sur le corps humain en général, sur chacun de ses organes et de leurs fonctions, à une époque où la médecine, la chirurgie surtout sortaient à peine du chaos de l'empirisme. A part quelques erreurs bien pardonnables, Rabelais fait preuve d'un savoir sûr et systématique, qui le classe parmi les praticiens les plus illustres du seizième siècle.

Ainsi, Rabelais croyait encore que la rate avait pour fonction de fournir à l'estomac un ferment qu'il appelle *mélancholie* et qui lui paraissait indispensable à la digestion des aliments.

Il enseignait, en outre, que le cœur envoie le sang aux membres par les veines aussi bien que par les artères : erreur partagée par tous les savants jusqu'à Harvey. auquel revient l'honneur d'avoir découvert en 1628, la circulation du sang ; sans parler de Michel Servet, en 1553, auquel nous devons une description assez précise de la petite circulation, c'est-à-dire la circulation pulmonaire ; de Réaldus Colombus qui arrivait. en 1559, aux mêmes conclusions que Servet, dont il ignorait les travaux ; enfin, de André Césalpin (1593). qui pressentit la circulation générale : alors que bien plus tard, à Montpellier, Primerose, pour ne citer que celui-là, était parmi les plus ardents détracteurs de la découverte d'Harvey.

Pour apprécier certaines propositions de
Rabelais dans le passage que je vais citer tout à
l'heure, il n'est pas sans intérêt d'exposer très
succinctement la doctrine classique de la circulation du sang. Le cœur gauche pousse le sang
dans les artères, d'une part par l'artère aorte,
ce qu'on appelle la grande circulation. De là, le
sang passe par les capillaires dans les veines,
qui le ramènent au cœur droit. Celui-ci, à son
tour, le renvoie par l'artère pulmonaire au poumon, d'où il revient au cœur par la veine pulmonaire.

Écoutons maintenant Rabelais. Après avoir
décrit en ce langage étincelant de pittoresque et
vibrant d'émotion qu'il parle toutes les fois que
le sujet traité par lui sort un peu des contingences pour côtoyer l'absolu, après, dis-je, avoir
décrit l'état lamentable d'un monde dont les
élément isolés les un des autres comme autant
de tout-clos, n'auraient entre eux aucun échange
ni de substance, ni d'énergie, Rabelais aborde
l'étude du corps humain.

« Et si au patron de ce fascheux et chagrin
monde rien ne prestant, vous figurez l'autre
petit monde, qui est l'homme, vous y trouverez
un terrible tintamarre. La teste ne voudra
prester la vue de ses yeux pour guider les pieds

et les mains ; les pieds ne la daigneront porter ;
les mains cesseront travailler pour elle. Le cœur
se faschera de tant se mouvoir pour les pouls
des membres, et ne leur prestera plus. Le poumon ne lui fera prest de ses soufflets. Le foye ne
lui envoyera sang pour son entretien. La vessie
ne vouldra estre débitrice aux rognons ; l'urine
sera supprimée. Le cerveau considérant ce train
dénaturé, se mettra en resverie et ne baillera
sentiment ès nerfs, ni mouvement ès muscles (1). »

Puis, vient la contre-partie, un monde fait à
l'inverse de celui que Rabelais vient de décrire.
Ici, il m'est impossible de faire des coupures.
Ceux qui auront le courage d'aller jusqu'au bout
n'auront pas perdu leur peine et me sauront gré
de les avoir retenus sur cette page magistrale,
qui est comme l'épopée du corps humain.

« Au contraire, représentez-vous un monde
aultre, auquel un chascun preste, un chascun
doibve : tous soient debteurs, tous soient presteurs... A ce patron figurez notre microcosme
en tous ses membres, prestant, empruntant,
debvant, c'est-à-dire en son naturel. L'intention
du fondateur de ce microcosme est y entretenir

____
(1) Liv. III, chap. III.

l'asme, laquelle il y a mise comme hoste, et la
vie. La vie consiste en sang : sang est le siège de
l'asme : pourtant un seul labeur poine ce monde,
c'est forger sang continuellement. En ceste
forge sont tous membres en office propre ; et est
leur hiérarchie telle, que sans cesse l'un de l'aultre
emprunte, l'un à l'aultre preste, l'un à l'aultre est
debteur. La matière et métal convenable pour
estre en sang transmué est baillée par nature :
pain et vin. En ces deux sont comprises toutes es-
pèces de aliments. Pour icelles trouver, préparer
et cuire, travaillent les mains, cheminent les pieds
et portent toute ceste machine : les yeux tout
conduisent. L'appétit en l'orifice de l'estomach,
moyennant un peu de mélancholie aigrette, que
lui est transmis de la ratelle, admoneste d'en-
fourner viande. La langue en faict l'essai ; les
dents la maschent ; l'estomach la reçoit, digère et
chylifie. Les veines mésaraïques en succent ce
qu'est bon et idoine, délaissant les excréments,
lesquels par vertu expulsive sont vidés hors par
exprès conduits ; puis la portent au foye : il la
transmue de rechef, et en faict sang. Lors
quelle joie pensez-vous estre entre ces officiers,
quand ils ont vu ce ruisseau d'or, qui est leur
seul restaurant ?... Adonc chascun membre se
prépare et s'évertue de nouveau à purifier et

affiner cestui thrésor. Les rognons, par les veines émulgentes, en tirent l'aiguosité, que vous nommez urine, et par les uretères la découlent en bas. Au bas trouve réceptable propre : c'est la vessie, laquelle en temps opportun la vide hors. La ratelle en tire le terrestre et la lie, que vous nommez mélancholie. La bouteille du fiel en soubstraict la cholère superflue. Puis est transportée en une autre officine, pour être affiné, c'est le cœur, lequel par ses mouvements diastoliques et systoliques, le subtilise et enflambe, tellement que par le ventricule dextre le met à perfection, et par les vênes l'envoye à tous les membres. Chascun membre l'attire à soi, et s'en alimente à sa guise : pieds, mains, yeulx, tout ; et lors sont faicts débteurs, qui paravant estoient presteurs. Par le ventricule gauche il le faict tant subtile, qu'on le dit spirituel, et l'envoye à tous les membres par ses artères, pour l'aultre sang des vênes eschauffer et esventer. Le poulmon ne cesse avecques ses lobes et soufflets le rafraîchir. En reconnaissance de ce bien, le cœur lui en départ le meilleur, par la veine artériale. Enfin tout est affiné dedans le rest merveilleux que par après, en sont faicts les esperits animaux, moyennant lesquels elle imagine, discourt, juge, résoult, délibère, ratiocine et rémémore. Vertugoi ! je me naye, je me perds, je m'esgare, quand j'entre au profond abysme de ce monde ainsi prestant, ainsi debvant (1). »

Ici je m'arrête. Si je ne pousse pas plus avant cette citation, c'est par égard pour le lecteur que j'ai le devoir de ménager.

Eh bien, au regard de la physiologie, tout ce que dit Rabelais dans ce chapitre est absolument exact, sauf en deux ou trois points, où il partage les erreurs des savants de son époque. Dans certaines éditions la phrase relative au ruisseau d'or diffère un peu de la version que j'ai donnée. L'expression *restaurant des membres*, appliquée au sang, est remplacée par cette phrase : *où ils vont puiser leur nourriture*, plus précise, plus vivante surtout, qui nous montre les membres du corps, empressés, se hâtant, avides de saisir cette fontaine de la vie qui est le sang et de s'y abreuver. Quoi qu'il en soit, le fait demeure le même, à savoir que toutes les parties du corps, toutes les molécules qui le composent sont nourries et entretenues par le sang, hors duquel il n'y a pas de vie possible. La façon dont Rabelais décrit les fonctions du cœur, des poumons et du cerveau, et leurs relations respectives et

(1) **Liv. III, chap. iv.**

réciproques, est particulièrement remarquable.

Il fut un temps où le rôle des médecins consistait presque uniquement à donner leurs soins aux malades, panser les blessés, quand ils n'étaient pas appelés à constater des décès. On les eût bien étonnés si on leur eût dit qu'il existe un pays où leurs confrères sont d'autant plus considérés et estimés qu'il y a moins de malades, et où ils sont payés non point d'après le nombre de malades traités par eux, mais en raison du chiffre des bien portants. Eh bien, cette coutume, qui paraît tout d'abord singulière et absurde, ne l'est pas autant qu'on pourrait le croire, à y regarder d'un peu près. Qu'est-ce que l'on demande au médecin, — j'entends au médecin digne de ce nom ? Est-ce uniquement qu'il soit assidu au lit des malades ? Devoir banal comme sont tous les devoirs professionnels. Qu'il enregistre le plus petit nombre de décès possible ? Guérir les malades est sans doute excellent et fort louable, mais ce n'est pas tout, et une science qui ne saurait qu'intervenir *in extremis* pour réparer un désordre, si intéressante soit-elle, mériterait à peine le nom de science ; négative à tout le moins. Guérir est bon, mais entretenir la santé générale est encore mieux.

Mettre un frein au mouvement de la mortalité, puisque, après tout, il est impossible de la supprimer, est un acte méritoire sans doute ; mais réduire à sa plus simple expression la morbidité est préférable. Juguler les épidémies à la naissance, faire disparaître les maladies, en tout cas en atténuer les causes, ne pas attendre que le mal se soit déclaré, mais le prévenir, ne pas se borner à la thérapeutique, mais user de la prophylaxie qui a pour objet d'éviter la maladie au moyen de précautions indiquées, et de conserver la santé générale, tel est le devoir du médecin.

Cette branche de la médecine, presque inconnue autrefois, méconnue et méprisée, est aujourd'hui fort en honneur. On s'y emploie de tous côtés, les hommes politiques aussi bien que les professionnels dans l'art de guérir, l'opinion enfin, c'est-à-dire tout le monde.

C'est l'hygiène, dont le domaine est incomparablement plus étendu que celui de la médecine, car il y a plus de bien portants que de malades. et qui affecte les formes les plus diverses, s'occupant de l'homme isolé et de l'homme en société, des grands et des petits, des vieillards et des enfants, de la diète, du vêtement, de la maison et de la rue, de l'école et de l'atelier, du re-

pos et du travail, du sommeil et de la veille, de
l'air que l'on respire, de l'eau que l'on boit, des
aliments sous tous leurs aspects, sans en excep-
ter les amusements et les jeux : science universelle et vénérable que l'on ne saurait abandon-
ner, sans des dommages incalculables, aux hasards des préjugés ou de la mode, et que le
savant, le médecin en particulier, doit tenir en
sa dépendance et direction.

Or, Rabelais avait été frappé des avantages de
l'hygiène, qu'il traite avec le respect que l'on
doit à toute science positive. Voyez plutôt la
façon dont est réglée la vie de Gargantua. Je
ne parle pas au point de vue de l'instruction proprement dite, qu'il veut encyclopédique — nous
disons aujourd'hui intégrale — dont je n'ai pas à
m'occuper ici, mais sous le rapport de l'éducation et en particulier du développement du corps
et des aptitudes et facultés physiques, sans lesquelles il n'y aurait pour notre nature psychologique et morale ni stabilité, ni développement possible.

Gargantua se levait tôt. « S'éveillait, dit Rabelais, environ quatre heures du matin. » C'était,
pour le dire en passant, la méthode adoptée par
Victor Hugo, grand travailleur, et qui, pas plus
que l'écolier de Rabelais, « ne perdait heure

quelconque du jour ». Une fois levé, Gargantua allait au massage ; puis « ès lieux secrets faire excretions des digestions naturelles ». Cela n'a l'air de rien et l'on se prend à sourire, comme au narré d'une de ces occupations tout à fait inférieures, dont le mieux est de ne rien dire. Rabelais n'est pas de cet avis, et il a raison. La régularité et une certaine méthode dans cette fonction, qui en soi n'a rien de méprisable, intéressent la santé générale plus qu'on ne l'imagine, surtout chez les enfants, auxquels certaines habitudes prises dès le tout jeune âge, épargnent pour plus tard des infirmités tenaces souvent irréductibles, l'incontinence d'urine, pour ne parler que de celle-là.

Après les leçons du jour, Gargantua allait prendre l'air et se rendait au jeu de paume du faubourg Saint-Marceau. Là, il jouait « à la balle, à la paume, à la pile trigone, galantement, s'exerçant le corps, comme il avait son âme auparavant exercée ». On remarquera l'emploi d'une méthode unique pour les exercices du corps et ceux de l'esprit. Ce trait est caractéristique et doit être retenu par ceux qui veulent se faire une idée exacte de la psychologie de Rabelais.

Ici, Rabelais fait observer, et ce trait mérite

d'être relevé, « que tout leur jeu n'était qu'en liberté, car ils quittaient la partie quand leur plaisait et cessaient ordinairement lorsque suaient parmi le corps ou étaient autrement las ». Pas le moindre surmenage, l'effort corporel mesuré suivant la capacité de chacun est sagement réglé. Mais ce qui me frappe plus encore ici, c'est l'emploi du mot *jeu* mis à dessein au singulier ; ce qui semble indiquer un système, un régime, une véritable institution. Rabelais ne dit pas des *jeux* plus ou moins quelconques, mais le jeu en soi au sens absolu, comme on dit l'étude, qui est au-dessus des études particulières et fragmentées.

Après ces exercices de force, Gargantua était soumis à un nouveau massage, superficiel et moins intense que le premier.

Le repas est réglé et surveillé comme tout le reste, après lequel venait la toilette de la bouche. « S'escurait les dents avec un trou de lentisque ». Un trou, c'est-à-dire un tronc, un trognon de lentisque, arbrisseau de la famille des Térébinthacées, un antiseptique comme les résineux en général.

Après quoi, Gargantua s'amusait à des jeux faciles, et qui n'exigeaient pas une grande dépense de force musculaire, afin de ne pas entraver la

digestion. « Lors on apportait des chartres, non
pour jouer, mais pour y apprendre mille petites
gentillesses et inventions nouvelles, lesquelles
toutes issaient de arithmétique. » C'est ainsi
que Gargantua devint un mathématicien de première force.

Je renonce à parler de tous les exercices et
arts d'agrément dans lesquels était instruit
Gargantua : le chant, l'équitation, l'escrime, la
chasse à courre, la course, la natation, le cano-
tage, le foot-ball, jeu qui de France passa en
Angleterre et que nous sommes en train de
reprendre à nos voisins. « Jouait à la grosse
balle et la faisait bondir en l'air autant du pied
que du poing (1). »

Parmi toute cette gymnastique, il est encore
un exercice dont nous avons perdu la tradition,
qui nous revient aujourd'hui avec le prestige
d'une origine étrangère, et que Rabelais, il y a
plus de trois siècles, enseignait à son élève :
c'est la gymnastique de la respiration.

« Et pour s'exercer le thorax et pulmon, Gargantua criait comme tous les diables. Je l'ouïs
une fois appelant Eudemon depuis la porte
Saint-Victor à Montmartre. Stentor n'eut onc-

____

1. Liv. I, chap. XXIII.

ques telle voix à la bataille de Troie (1). »

Nous ne savons pas respirer ; nous respirons mal. Respirer est une science et un art que l'on devrait apprendre et pratiquer de bonne heure à l'école ; ce qui vaudrait mieux que beaucoup de règles de grammaire, ou tel curieux problème d'arithmétique. Et combien de maladies n'éviterions-nous pas si nous respirions d'une façon normale.

Dans ce programme d'éducation physique si complet, si merveilleusement conçu, si parfait en toutes ses parties, il est cependant un point qui me surprend et me laisse quelque inquiétude, c'est la façon dont Rabelais ordonne les repas de Gargantua et en règle le menu.

« Notez ceci, que son diner estoit sobre et frugal : car tant seulement mangeoit pour réfréner les abois de l'estomach ; mais le souper estoit copieux et large ; car tant en prenait que lui estoit de besoing à soi entretenir et nourrir (2). »

De ce passage il ressort que le repas le plus copieux de la journée, celui où l'on faisait grande chair, était le repas du soir, avant de se coucher. Le diner était le repas du matin ; non pas le tout premier qui avait lieu à la descente

<hr>

1 Liv. I.
2 *Ibid.*, chap. XXIII.

du lit et consistait généralement en *soupes de primes*, ainsi nommées en raison de l'heure matinale : nourriture légère et de facile concoction.

Le dîner était le repas de onze heures ou midi. Quant au souper, il venait plus tard dans l'ordre diététique. « Au point du jour pareillement nous éveilla pour manger soupe de prime. Depuis ne fismes qu'un repas, lequel dura tout le jour, et ne savions si c'estoit dîner, ou souper goutter ou regoubillonner (1). »

On s'étonne que Rabelais conseille de rester sur son appétit au repas du matin, quitte à manger copieusement et faire bonne chère le soir, peu d'instants avant l'heure de dormir, qui est généralement considéré comme une diète contraire à une saine hygiène et rationnelle. Le plus fort, c'est qu'il insiste et déclare sans la moindre hésitation, que « c'est la vraie diète prescrite par l'art de bonne et seure médecine, quoiqu'un tas de badaulx médecins, herselés en l'officine des sophistes, conseillent le contraire (2) ».

Cependant en une autre circonstance, particulière il est vrai, et tout à fait exceptionnelle, Rabelais conseille, pour le repas du soir, le

(1) Liv. IV, chap. vii.
(2) Liv. I, chap. xxiii.

régime végétal de préférence à tout autre.

Panurge, n'arrivant pas à résoudre la question de plus en plus incertaine de son mariage, se résoud à interroger les songes, espérant avoir le mot de l'énigme par un moyen dont on lui a vanté les avantages d'après les anciens, depuis Hippocrate jusqu'à Pline. Un point seulement l'inquiète : « Faudra-t-il peu ou beaucoup souper à ce soir », demande-t-il à Pantagruel. Sur la foi des anciens, Pantagruel lui conseillerait plutôt de ne pas souper du tout. Toutefois, en l'espèce, il estime qu'il n'y a pas lieu d'user d'une telle rigueur. Il tient, en effet, de son père Gargantua que les ermites jeûneurs n'ont pas toujours l'esprit sain et en état de saisir les vérités cachées. En conséquence Panurge pourra souper à son loisir, pourvu, toutefois, qu'il s'abstienne de certains aliments qui ont la propriété d'alourdir et d'obscurcir l'esprit : tels les fèves, certains gibiers, le lièvre, le poulpe parmi les poissons, le choux parmi les légumes. Par contre, il pourra user librement de certains fruits, les pommes, poires, cerises et quelques pruneaux de Tours.

En substance le régime recommandé par Rabelais, pour bien dormir et faire des rêves à souhait, consiste à user modérément, au repas du

soir, des viandes et du vin, à manger de préférence des fruits et à boire de l'eau.

Ce régime n'était pas précisément pour plaire
à Panurge ; toutefois, il y consent « couste et
vaille, protestant desjeuner le lendemain à bonne
heure, incontinent après ses songeailles ».

Dans le chapitre XXXI du livre III, Rabelais
traite de l'hygiène à un point de vue spécial.
C'est une simple énumération des choses qui
peuvent accroître ou diminuer chez l'homme les
vertus prolifiques. Un travail exagéré, l'étude
fervente qui fait oublier tout ce qui n'est pas
elle, comme on sait qu'est tyrannique et exclu-
sive l'ardeur qu'éprouvent les savants à poursuivre le but de leurs recherches, le vin pris
avec excès, ont pour effet, d'après Rondibilis,
de « réfréner la concupiscence charnelle, et sont
choses impertinentes à l'acte de génération ». A
quoi l'on peut ajouter quelques médicaments
dits anaphrodisiaques, dont le pouvoir a été
très exagéré par l'imagination de nos pères : le
Nymphæa heraclia, l'amarine, le saule, le tamaris,
la mandragore, la ciguë, le petit orchis, la peau
d'un hippopotame et autres encore, au temps de
Rabelais : aujourd'hui le bromure de potassium
le seul anaphrodisiaque un peu sérieux.

Parlerais-je des remèdes auxquels, du temps

de Rabelais, on demandait la guérison du mal de
mer, les mêmes que l'on emploie aujourd'hui et
avec un égal insuccès comme de manger et boire
abondamment jusqu'à surcharge de l'estomac,
un instant avant de s'embarquer ; ou encore de
boire quelques jours auparavant de l'eau de mer
pure ou mélangée avec du vin ; de manger de la
confiture de coings, de l'écorce de citron. Quelques-uns se couvraient l'estomac de papier et
n'en avaient qu'un soulagement imaginaire. Quant
à Rabelais, il se moque de cette pharmacie et de
tout ce que, en pareille occurrence, « les fols
médecins ordonnent à ceux qui montent sur
mer ».

Tout à la fin du livre, un passage inaperçu de
la plupart des lecteurs présente un double intérêt médical et philosophique. Il semble que
Rabelais ait pressenti — les grands génies ont de
ces intuitions lointaines — les travaux faits ces
derniers temps sur la suggestion, science encore
mystérieuse, parce que peu connue, et qui prépare plus d'une surprise aux savants de l'avenir.

Les Pantagruélistes sont arrivés au terme de
leur voyage. La pontife Bacbuc leur a fait visiter le temple de la Dive Bouteille. A la porte de
bronze, ils ont lu à droite cette inscription, « ex-
quisitement insculptée en lettres latines anti-

quaires : *Les destinées conduisent ceux qui s'y abandonnent ; elles contraignent celui qui résiste ;* à gauche ces mots en lettres majuscules : *Toutes choses se meuvent à leur fin,* qui sont comme le résumé de la sagesse du Livre. Arrivés à la fontaine fatidique, la noble Bacbuc les invite à boire, en des gobelets passementés d'or, d'argent et de cristal de l'eau qui en jaillit, limpide et argentine. Mais laissons parler Rabelais.

« Icy, beuvans de ceste liqueur mirifique, sentirez gousts de tel vin comme l'aurez imaginé. Or imaginez et beuvez. » Ce que nous fismes. Puis s'écria Panurge, disant : « Par Dieu, c'est ici vin de Beaune, meilleur qu'oncques jamais ne beus, ou je me donne à nonante et seize diables ! — Foi de lanternier, s'escria frère Jean, c'est vin de Grave, gallant et voltigeant. — A moy, dist Pantagruel, il me semble que sont vins de Mireveaux, car avant boire je l'imaginais. — Buvez, dist, Bacbuc, une, deux ou trois fois. De rechef, changeant d'imagination, telle vous trouverez au goust, saveur ou liqueur, comme l'aurez imaginé (1). »

Il y a là plus qu'un simple phénomène d'imagination. Quand j'imagine, j'ai le sentiment très

(1) Liv. V, chap. XLII.

net que la chose imaginée n'a point de réalité
objective ; ou bien il faudrait que je fusse hanté
par une idée fixe, ou en proie à une hallucina-
tion accidentelle et passagère ou permanente qui
serait la folie.

Or, Pantagruel et ses amis parlent et agissent
comme gens sensés et raisonnables. Quand on
l'examine de près, le fait raconté par Rabelais
a tous les caractères de la suggestion ou de
l'auto-suggestion, telle que la pratiquent ou
l'observent les savants qui s'adonnent à cette
science.

J'eusse été bien étonné si, parmi les notes
éparses dans son livre, relatives à des faits intéressant l'art de guérir, Rabelais n'avait glissé
quelques recommandations à l'adresse de ses
confrères sur la manière de se comporter avec
leurs clients, moins en leur qualité de médecins
qu'à titre de conseillers, de consolateurs et
d'amis. Je me persuade que, sceptique à l'endroit des remèdes et de leur efficacité, le docte
et gentil Rabelais faisait le plus grand cas des
qualités personnelles du médecin, dites sympathie, pour mettre ses malades en voie de guérison assurée. C'est d'ailleurs ainsi que lui-même
en usait avec ses clients. Et combien de fois,
avec un peu de pantagruélisme, n'a-t-il pas

achevé une guérison, lente et incertaine par les procédés usuels ! Son livre n'a pas d'autre but, qu'il dédie aux malades, goutteux et *avariés*, gens moroses par état, désespoir des médecins, que les remèdes chagrinent, qu'un peu de gaîté soulagerait.

« Combien sont par le monde qui estant grandement affligés du mal des dents, après avoir tous leurs biens despendus en médecins sans en rien profiter, n'ont trouvé remède plus expédient que de mettre grandes et inestimables chroniques de l'énorme géant Gargantua entre deux beaulx linges bien chauds et les appliquer au lieu de la douleur, les sinapisant avecques un peu de poudre d'oribus (1). »

Quant aux pauvres avariés et goutteux, il n'était besoin, pour les consoler et les soulager, que de leur lire quelques pages du Livre; « et en avons vu, dit Rabelais, qui se donnaient à cent pipes de vieux diables, en cas qu'ils n'eussent senti allégement manifeste à la lecture du Gargantua ».

On sait avec quelle curiosité les malades interrogent les moindres gestes du médecin, ses attitudes, le son de sa voix, son regard, dans

(1) Liv. II, prologue.

l'espoir d'y découvrir leur destinée, et qui s'abandonnent ensuite, sans raisons suffisantes le plus souvent, à des accès de joie ou de désespérance, également préjudiciables au rétablissement de leur santé. C'est pourquoi Rabelais veut que le médecin soit très réservé et circonspect avec ses malades, ne faisant rien paraître de ses impressions, afin de les maintenir, non pas précisément dans l'ignorance absolue de leur état, mais dans une sorte de neutralité confiante, car il n'est pas de collaborateur plus précieux et sûr pour le médecin que l'état d'esprit de ses malades.

D'après Hippocrate, auquel Rabelais fait de nombreux emprunts, il ne s'agit pas de savoir si « la face du médecin chagrin, tetrique, reubarbatif, malplaisant, malcontent » a pour effet de contrister le malade, ou si, d'autre part, il est ragaillardi « par la vue du médecin à la face joyeuse, sereine, plaisante, riante, ouverte », la question est ailleurs et bien plus haute. Car il paraît avéré que le médecin seul, par son influence directe et personnelle, exerce sur le malade une action curative, en dehors de toute médication employée, et plus efficace que tous les remèdes de la pharmacie classique.

Est-il besoin de faire remarquer combien cette

influence, quelque peu mystérieuse, à tout le
moins subtile, psychique autant que physiologique, ressemble à ce que nous appelons, nous
autres, le magnétisme et la suggestion? L'explication que Rabelais en donne est des plus
curieuses.

« Telles contristations et esjouissements pro-
viennent moins par appréhension du malade
contemplant ces qualités que par transfusion
des esprits sereins ou ténébreux, joyeux ou
tristes du médecin au malade, comme est
l'advis des Platoniques et Averroïstes (1). »

Aussi, pour ce qui le concerne, compte-t-il
moins, pour guérir ses malades, sur les remèdes
qu'il leur administre pour se conformer aux
prescriptions de l'école, que « sur le plaisir et
passe-temps joyeux qu'ils prennent, oyans en
son absence la lecture de ses livres ».

Quoi qu'il en soit, Hippocrate, en un livre
intitulé *De l'État du parfait médecin*, ouvrage
commenté par Galien, recommande aux médecins de surveiller, avec un soin tout particulier,
« leurs vêtements, gestes, maintien, regard, tou-
chement, contenance, grâce, honnesteté, nes-
teté de la face, barbe et cheveux, mains, bouche,

____

(1) Liv. IV, lettre à Mgr Odet.

voire jusqu'à la toilette des ongles, pour ne pas offenser le malade (1) ».

Tout cela, c'est de l'asepsie, et l'on s'étonne que l'on ait mis tant de temps à s'en apercevoir.

Sur toute chose, Rabelais veut que, au lit du malade, le médecin surveille avec soin ses paroles, « lesquelles doivent toutes à un but tirer, et tendre à une fin, c'est de réjouir le malade et ne le contrister en façon quelconque ».

Enfin, Rabelais est de cette opinion que le médecin, s'il veut inspirer quelque confiance à ses clients, doit faire en sorte de se bien porter. Il ne faut pas qu'on puisse lui dire, « en horrible sarcasme et sanglante dérision : « Médecin, gué- « ris-toi toi-même. »

C'est ainsi que Galien pouvait se vanter d'avoir joui d'une santé parfaite et sans inter- ruption, sauf quelques fièvres éphémères, depuis l'âge de vingt-huit ans jusqu'à une vieillesse très avancée. De même Asclépiades, qui, depuis le jour où il avait commencé à pratiquer la médecine, jusqu'à « sa dernière vieillesse », n'avait jamais été malade, et qui mourut des suites d'une chute. « Finalement, dit Rabelais,

____

(1) Liv. IV, lettre à Mgr Odet.

sans maladie aucune précédente, fit de vie à mort eschange, tombant par male garde du haut de certains degrés mal emmortaisés et pourris. »

Quant à lui, Rabelais, il a toujours agi d'après les conseils qu'il donne à ses confrères, « à son lourdoys », a-t-il soin de faire remarquer, c'est-à-dire tout simplement et comme chose toute naturelle et ordinaire ; ce qui lui avait valu d'être traité par quelques-uns de « Parabolain au grand faucile et au grand code », c'est-à-dire de charlatan aux longs avant-bras et aux grands coudes, par allusion aux doubles manches de la robe que portaient encore, de son temps, bon nombre de ses confrères.

CHAPITRE X

L'ALCHIMIE

Dans l'interminable enquête que poursuit Panurge pour savoir s'il se doit ou non marier, il faut toujours en revenir là, puisque les trois quarts du Livre sont consacrés à cette recherche, Épistémon propose de consulter un certain Her Trippa, personnage assez malplaisant, mais qui jouissait d'une réputation considérable comme sorcier. On racontait de lui des choses merveilleuses, et comment par art d'astrologie, de géomancie, chiromancie, métopomancie et autres de pareille farine il prédisait toutes choses futures. Pour ce qui le concerne personnellement, Panurge en doute un peu, ayant quelque peine à s'expliquer qu'un homme, qui voit toutes choses éthérées et terrestres sans besicles, qui connaît le passé et l'avenir, ne s'aperçoive seulement pas que les laquais de cour saboulent sa femme entre les huis et degrés pendant qu'il s'entretient avec le grand roi de choses transcendantes et célestes. Néanmoins, comme on ne saurait trop apprendre, on convint d'interroger le devin. Ai-je besoin de dire qu'après cette consultation la compagnie s'en revint bredouille, Her Trippa n'ayant rien appris à Panurge qu'il ne sût déjà? Mais aussi bien n'est-ce pas là ce qui nous intéresse. Je voulais simplement présenter au lecteur un des représentants les plus illustres des sciences occultes au seizième siècle; car il n'est pas douteux que Rabelais ait voulu, par Her Trippa, désigner Henri-Cornélius Agrippa, célèbre médecin et philosophe, auteur d'un traité sur l'*Incertitude et Vanité des sciences* et de plusieurs autres ouvrages, *la Philosophie occulte* notamment, où sont exposées les pratiques mystérieuses des magiciens.

Je dois ajouter, pour expliquer, sinon pour excuser la réflexion malveillante de Panurge à l'égard de Her Trippa, autrement dit Cornélius Agrippa, que ce savant ne se gênait guère pour déblatérer contre Rabelais les propos les plus insanes, critique fielleuse, allant jusqu'à traiter ses écrits de « honteuses facéties, de livres empestés qui sont lus non seulement par les princesses, mais encore avec avidité par les damoiselles, et par lesquels les femmes s'habituent à la dépravation (1) ».

Pour toute réponse, Rabelais se contente de mettre à nu la fausse science de son adversaire, en exposant, dans les trois chapitres consacrés à la Quinte-Essence, les inepties et farces scientifiques qui s'étalent dans *la Philosophie occulte*.

Je viens de prononcer un mot qui demande une explication.

Qu'est-ce que la quintessence ?

Suivant Paracelse, célèbre médecin et alchimiste du commencement du seizième siècle, la quintessence est la couleur, la saveur, la vie et les propriétés des choses ; c'est un esprit semblable à l'esprit de vie.

Cette définition manque peut-être de clarté ; mais il ne faut pas oublier qu'il s'en faut encore de plusieurs siècles avant que l'on parle de science positive, et que les alchimistes, astrologues et autres métaphysiciens et magiciens ont, en général, en mépris l'expérimentation rationnelle. Pour Aristote, la quintessence ou l'entéléchie, — ces mots étaient indifféremment employés par les alchimistes pour désigner une

____

(1) Épitre à Chapelain, le médecin du roi.

même chose, — la quintessence était une certaine
énergie, force motrice interne, occulte, au moyen
de laquelle il prétendait expliquer les mouvements de l'âme.

Cornélius Agrippa ne pouvait avoir la prétention d'être plus clair que son maître Aristote ;
aussi, sa définition ne nous apprend-elle pas
grand'chose. Ce qui ressort de plus net de cet
enseignement, c'est que, après avoir fait de l'esprit et de la matière deux entités irréductibles,
séparées par un abîme infranchissable, les philosophes furent obligés, pour expliquer l'action
de l'âme sur le corps et du corps sur l'âme,
d'imaginer une sorte de médium, ni esprit ni
matière, mais tenant à la fois des deux et qui les
relie. C'est ce médium, un cinquième élément,
distinct des quatre éléments primordiaux, l'eau,
l'air, la terre et le feu, que les alchimistes ont
appelé quintessence.

La quintessence a pour fonction de communiquer les propriétés cachées de l'âme du monde
aux êtres finis, animaux, plantes, métaux, et
cela par l'intermédiaire du soleil, de la lune, des
planètes et des étoiles. C'est ainsi que l'alchimie
et l'astrologie se donnent la main (1).

____

(1) *Philosophie occulte*, liv. I, chap. XIV.

Telle est la doctrine de Cornélius Agrippa.

Rabelais, avec son grand bon sens, n'a pas de peine à montrer le néant d'une philosophie faite d'hypothèses les plus fantastiques. Il s'empare du livre *sur la magie*, il le suit pas à pas, il en étale les ridicules avec cette complaisance bon enfant qui est la plus mordante des critiques.

Je ne raconterai pas comment les naufs de Pantagruel, qu'un coup de vent avait jetées à la côte. où elles s'étaient « enquarrées parmi les arènes », furent remises à flot, d'une façon bien étrange, par un nommé Henri Cotiral, qui se trouvait là fort à propos revenant du royaume de la Quinte-Essence, nommée Entéléchie. Cet Henri Cotiral est le même personnage que Her Trippa, c'est-à-dire l'alchimiste Henri-Cornélius Agrippa. Il rapportait de la Quinte une provision d'*Algamana*, l'algali, qui est le mercure des hermétiques, avec une grosse tige de *Lunaria major*, plante de la famille des crucifères. dont les alchimistes se servaient pour obtenir la pierre philosophale.

Les Pantagruélistes descendent au port de Matéotechnie. Ce mot, composé de deux mots grecs et qui désigne en général l'étude d'un art chimérique, convient particulièrement aux travaux des alchimistes à la recherche du Grand Œuvre.

Sans plus attendre, les voyageurs sont introduits auprès de la reine Quintessence. La dame était gorgiassement vêtue, jeune et belle, nous dit Rabelais, bien qu'elle fût à ce moment âgée de dix-huit cents ans, étant née au siècle d'Aristote dont elle était la filleule. La reine était alors en office et guérissait toutes sortes de malades, sans les toucher, rien qu'en leur « sonnant une chanson, selon la compétence du mal ».

Rabelais fait ici allusion à ce que dit Cornélius Agrippa, que les maladies les plus graves sont guéries par la musique. « Le chant artificiel, soit de cordes, soit de flûtes, soit naturel de la voix, pénètre jusqu'aux plus intimes profondeurs du cœur et de l'âme, remue les membres et purge les humeurs du corps. Démocrite enseigne que beaucoup de maladies humaines sont guéries par le son des flûtes (1). »

Rabelais n'était pas homme à laisser tomber, sans la relever, cette déclaration, et il n'a pas de peine à montrer combien est ridicule cette prétention des alchimistes de guérir les malades avec du vent. S'il avait un reproche à leur faire,

(1) *Philosophie occulte.* liv. II. chap. xxv.

ce serait d'en user à trop petite dose. Puisque
la flûte a le pouvoir de guérir, plus il y aura de
flûtes et plus grand sera le nombre des malades
guéris. Et il imagine de remplacer la flûte
unique de Démocrite et de Cornélius Agrippa,
par un orgue dont les tuyaux seraient autant de
flûtes, suivant les besoins des malades.

« Puis nous montra les orgues, desquels sonnant faisait ses admirables guérisons. Icelles
estoient de façon bien estrange, car les tuyaux
estoient de casse en canon, le sommier de
gaïac, les marchettes de rubarbe, le suppier de
turbith, le clavier de scamonée (1). »

Par une attention délicate, dont Cornélius
Agrippa ne put manquer d'être flatté, Rabelais
choisit, pour fabriquer les tuyaux de son orgue,
les plantes et substances les plus laxatives, ou
astringentes ou émollientes, de la pharmacopée
usuelle.

On trouvera peut-être que Rabelais est un
peu dur pour les alchimistes, et que sa critique
dépasse ici le but. Il ne pouvait ignorer, en effet,
que la musique, dont l'action sur l'esprit est incontestable et incontestée, n'est pas sans avoir
sur les sens une influence analogue ; si elle a le

1 *Pantagruel*, liv. V, chap. XX.

don d'impressionner les sentiments qui agissent le plus fortement sur la volonté, jusqu'à exalter la vie morale, ne peut-elle pas aussi, suivant les cas, donner aux nerfs surexcités l'apaisement, calmer les douleurs, endormir la souffrance ou bien, comme elle le fait pour l'âme, exalter les énergies du corps. Cette croyance n'est pas nouvelle, et les alchimistes n'ont rien inventé. C'est aux sons de la lyre qu'Orphée domestiquait les bêtes sauvages, qui venaient à lui vaincues et dociles. Et ce ne sont pas seulement les êtres vivants que la musique touche et meut, mais bien la matière inorganique que, hier encore, on considérait comme dépourvue de sensibilité et de vie. Personne n'ignore la jolie légende des murs de Jéricho, qui s'écroulent au bruit des trompettes. Parlerais-je du roi Saül, en proie à des accès de lipémanie, qui éprouvait un soulagement réel à écouter la harpe du jeune David. La réputation de certains chants nationaux ne s'explique pas autrement. On ne saurait le nier, *la Marseillaise* a fait des miracles, au temps où elle conduisait à la victoire nos soldats las, privés de sommeil, nu-pieds et sans pain.

C'est par des chansons que la nourrice endort l'enfant. Et combien d'orateurs, dont l'autorité

sur les masses et le prestige dépendent moins
de leurs discours que de la sonorité de leurs
voix et d'une certaine mélodie de la parole ; car
l'éloquence n'est le plus souvent qu'une musique
qui s'empare des cœurs en charmant l'oreille.

Il ne faut donc pas s'étonner si, de nos jours,
des médecins, notamment en Amérique, ont imaginé de guérir certaines maladies par la musique.
Ce qui surprend au contraire, c'est qu'un médecin
comme Rabelais, sobre de remèdes, qu'il rem-
plaçait volontiers par une dose ou deux de
Pantagruélisme, qui avait entrevu la suggestion et les avantages thérapeutiques que l'on en
peut tirer, qui aux malades atteints de male rage
de dents ordonnait de frictionner la partie douloureuse avec un exemplaire des inestimables
chroniques du géant Gargantua, qui, enfin,
pour toute médication, conseillait aux pauvres
avariés et goutteux de lire son livre, les assu-
rant qu'ils y trouveraient allégement manifeste,
ni plus ni moins que les femmes en mal d'enfant
quand on leur lit la vie de sainte Marguerite,
il est, dis-je, surprenant que Rabelais ait, avec
autant d'âpreté et d'ironie, attaqué une méthode
dont, au fond, il était plus que tout autre par-
tisan.

Mais, retournons au palais de la Quinte et reprenons le récit des guérisons merveilleuses dont les Pantagruélistes furent témoins.

Les noms dont Rabelais se sert pour désigner les officiers de la reine, sont à retenir, presque tous d'origine hébraïque. Ce sont les noms que les cabalistes donnent aux anges ou éons chargés de missions occultes auprès des esprits terrestres, auxquels ils communiquent, suivant les cas et toujours par des procédés plus ou moins mystérieux, quelque chose de l'âme du monde. Or, tous ces noms, on les trouve dans *la Philosophie occulte*, où ils représentent des esprits célestes, chez lesquels résident des vertus et propriétés diverses émanées de Dieu.

Comme Pantagruel et ses amis étaient en contemplation devant l'orgue guérisseur dont la musique rendait la santé aux lépreux, la vue aux aveugles, l'ouïe aux sourds, la parole aux muets, et sauvait toutes sortes de malades et maléficiés, il leur arriva une chose tout à fait inattendue et extraordinaire :

« Tombâmes en terre, nous prosternants comme gens extatiques et ravis en contemplation excessive et admiration des vertus qu'avions vu procéder de la dame, et ne fut en notre pouvoir aulcun mot dire, ainsi restions en terre 1. »

1. Liv. IV, chap. xx.

Cet état d'âme, où les partisans des sciences occultes avaient pour habitude de mettre leurs adeptes avant de leur révéler les vérités cachées, rappelle le sommeil magnétique et les phénomènes de suggestion, où le cerveau absorbé par une idée fixe, perd la conscience du monde extérieur et de ses propres sensations.

Cependant la dame Quintessence eut pitié des voyageurs : « Touchant Pantagruel d'un beau bouquet de roses franches, lequel elle tenait en sa main, leur restitua le sens et les fit tenir en pied (1). »

Dans ce passage, Rabelais ne fait que mettre en action ce que, dans son livre de *la Magie*, Cornélius Agrippa dit de la rose franche, qu'il place sous l'influence de Vénus, et à laquelle il attribue des vertus transcendantes.

Il m'est impossible de réciter ici toutes les pratiques auxquelles se livraient les alchimistes. Quant à Rabelais, ce serait une erreur de croire que, dans l'énumération minutieuse qu'il en fait, il plaisante ou exagère. Rien dans ce qu'il avance, si ridicule et enfantin que cela nous paraisse, qui ne trouve sa justification dans *la Philosophie occulte* de Cornélius Agrippa.

(1. Liv. V, chap. XX.

Ainsi, Rabelais est très sérieux lorsqu'il nous montre les officiers de la reine Entéléchie, dans un long parterre, occupés à mesurer avec un soin minutieux le saut des puces. Ne lui a-t-on pas affirmé que « cestui acte était plus que nécessaire au gouvernement des royaulmes, conduites de guerres et administration des républiques »; opinion fondée sur ce que dit Aristophane, dans sa comédie des *Nuées*, que le sage Socrate « employait la moitié de son étude » à semblable occupation, mais surtout sur ce que dit Cornélius Agrippa, le *Quintessential*, dans les chapitres LIII et LIV de *la Philosophie occulte*. Après avoir rappelé l'importance que les Romains donnaient à l'examen de la marche des animaux, du vol des oiseaux, il ajoute « qu'il n'est pas d'animal si petit ou d'oiseau ou même d'insecte, dont il ne soit de la dernière importance d'observer les mouvements et gestes, s'ils s'arrêtent ou s'ils marchent, s'ils vont à droite ou à gauche ». Rabelais n'en demande pas davantage aux gens du royaume de la Quinte.

Ailleurs, ayant aperçu deux Giborins en sentinelle sur le haut d'une tour, on lui apprit qu'ils gardaient la Lune des loups. D'après les cabalistes, Gibor était une façon de garde du corps chargé de se tenir continuellement en faction auprès de l'âme du monde; d'où Rabelais a fait Giborins. Quant aux loups que lesdits gendarmes sont chargés d'écarter, Cornélius Agrippa nous apprend que s'ils cherchent à dévorer la Lune, c'est parce qu'ils sont sous la dépendance de Mars qui est ennemi de la Lune.

Que l'on me permette encore quelques-uns de ces rapprochements curieux, que j'emprunte à un très intéressant mémoire de M. Ph. Ducrot, un fervent pantagruéliste (1).

Dans la nomenclature des fonctions assignées aux officiers de la Quintessence, Rabelais relève celle-ci :

« Un aultre, par engin mirifique, jectait les maisons par les fenêtres, ainsi étaient émondées d'air pestilentiel. »

Des maisons que l'on jette par la fenêtre, ça a tout l'air d'une plaisanterie. Détrompez-vous, rien n'est plus sérieux et plus simple. Et voici comment :

« Dans la sixième maison, nous dit Cornélius Agrippa, habitent les puissances de l'air, qui corrompent cet air et nous amènent les pestes et maladies contagieuses (2). »

(1) *Recueil de la Société des amis et admirateurs de Rabelais.* VI° Congrès, année 1891.

(2) *Pantagruel*, liv. V, chap. xxii.

Un peu plus loin et pour que personne n'ignore le sens particulier qu'il attache à ce mot *maison*, il parle des sept démons de la Pestilence, appelés maisons de puanteur. Si maintenant ces maisons de pestilence s'introduisaient dans les habitations des hommes, les exorcismes et l'excommunication auraient tôt fait de les en chasser. C'est ce que Rabelais appelle, avec raison, jeter la maison par la fenêtre.

Si l'on avait le temps de feuilleter *la Philosophie occulte* et le livre de *la Magie*, on y trouverait certainement l'explication sinon raisonnable, du moins raisonnée, de toutes les plaisanteries et joyeusetés si énormes soient-elles, auxquelles se livre Rabelais sur les mœurs et coutumes du royaume de la Quintessence.

« Aucuns tondaient les ânes et y trouvaient toison de laine bien bonne.

« Aultres cueillaient raisins des espines, et figues des chardons.

« Aultres tiraient lait de boucs, et dedans un crible le recepvaient, à grand profit de mesnage.

« Je vis un jeune spodizateur, lequel artificiellement tirait des peds d'un âne mort (1). »

Et c'est à de telles occupations, vaines et

(1) *Pantagruel*, liv. V, chap. XXII.

inutiles, que les alchimistes, géomanciens, astrologues, chiromanciens, cabalistes et autres métaphysiciens emploient plus de la moitié de leur
étude.

De tous les remèdes en usage dans le royaume
de la Quintessence, la musique était le plus fréquemment employée, mais il y en avait d'autres
non moins curieux et qui méritent qu'on en
parle.

Ainsi, une queue de renard attachée à la ceinture du côté gauche était un remède souverain
contre les fièvres quartes : d'autant plus efficace
qu'on ne l'employait pas seul, mais additionné
d'un petit os pris au côté droit de la grenouille.
Ces deux ingrédients, mélangés et triturés ensemble selon la formule, donnaient un magma
qui guérissait les fièvres les plus rebelles.

Mais il y a plus fort.

Qui se serait douté qu'avec le fragment d'un
sabot on pût guérir l'*avarie*?

« Là, dit Rabelais, je vis un jeune pérazin
guérir les vérolés, seulement leur touchant la
vertèbre dentiforme d'un morceau de sabot par
trois fois (1). »

Le remède est simple, mais étrange. Cependant,

_____

(1) Liv. V, chap. XXI.

Rabelais n'invente rien. Cette thérapeutique est exposée tout au long dans *la Philosophie occulte* de Cornélius Agrippa.

Dans cette opération, il y a trois choses à considérer. D'abord la partie du corps sur laquelle on applique le remède. C'est la deuxième vertèbre ou axis, nommée vertèbre dentiforme parce qu'elle porte une saillie assez ressemblante à une dent, qui s'engage dans l'anneau de l'atlas. L'atlas, la première vertèbre, soutient la tête comme le mont Atlas soutenait le monde. De cette façon, la tête tourne comme sur un pivot autour de la vertèbre dentiforme ou axis.

On se demande pourquoi Rabelais choisit de préférence, pour y appliquer son remède, cette partie du corps qui n'intéresse pas directement le traitement de l'*avarie*. Est-ce parce que, voisine du cerveau et de la moelle épinière, elle aurait plus particulièrement attiré l'attention des alchimistes? Ou bien faut-il y voir une de ces plaisanteries familières à Rabelais, qui désigne ainsi un membre qu'il ne veut pas nommer? Dans ce cas, l'allusion serait plus que discrète, obscure et inintelligible.

En second lieu, il faut noter l'emploi du nombre trois. Ce nombre, chez les cabalistes et les

alchimistes, était considéré comme le symbole
de la vie parfaite.

Enfin, le caractère original et essentiel de
cette médication est en ceci que la partie malade,
ou celle qui intéresse le plus la maladie, doit
être touchée avec un morceau de sabot.

Ce sabot, en un pareil moment, a tout l'air d'une
plaisanterie.

Eh bien, non, si l'on s'en rapporte à Cornélius
Agrippa.

Au livre I, chapitre xx, de *la Philosophie
occulte*, on lit que la planète Mars a sous sa
domination, dans le règne animal, les fesses, le
dos, l'urètre, les parties génitales, les reins, et,
dans le règne végétal, le chêne, le peuplier
et le hêtre. Et, plus loin, Agrippa ajoute ceci :

« Toute chose a un ami et un ennemi. Les
inclinations des choses soumises aux influences
des planètes supérieures suivent les inimitiés
de ces planètes. » Il en résulte que les parties
du corps particulièrement affectées par l'*avarie*,
et le bois de hêtre, par exemple, dont, pour
le dire en passant, on extrait le tanin, étant
amis de Mars ont entre eux sympathie et
amitié ; d'où le traitement de l'avarie au moyen
d'un sabot, fait avec du bois de hêtre.

On a quelque peine à comprendre que toute

cette magie puérile et souvent vulgaire ait joui de
la faveur de tant de hauts personnages, à une
époque où la Renaissance et la Réforme étaient
dans tout leur éclat ; à moins qu'il ne faille attribuer le succès de l'alchimie à l'Église elle-même,
qui lui fit l'honneur de la combattre avec toutes
les puissances de la religion et du bras séculier.

Je terminerai cette revue par l'exposé d'une
opération des plus singulières. Il ne s'agit de
rien moins que de redonner à de vieilles femmes
les grâces de la jeunesse, par un procédé magique analogue à la transmutation des métaux.
Voici le fait, tel que Rabelais le raconte :

« Un aultre vid, accompagné de femmes en
grand nombre, par deux bandes : l'une était de
jeunes fillettes, saffrettes, tendrettes, blondelettes, gracieuses et de bonne volonté, ce me
semblait ; l'autre de vieilles édentées, chas-
sieuses, ridées, basanées, cadavereuses. Là fut
dit à Pantagruel qu'il refondait les vieilles, les
faisant ainsi rajeunir, et telles par art devenir
qu'estaient les fillettes là présentes, lesquelles
il avait cestui jour refondues et entièrement
remises en pareille beauté, forme et élégance,
grandeur et composition des membres comme
estaient en l'âge de quinze à seize ans (1). »

(1) Liv. V, chap. xxi.

La plupart des commentateurs ont vu dans ce passage une allusion aux cosmétiques dont les femmes se servent pour donner à leur visage une fraîcheur factice et toutes les apparences de la jeunesse.

Cette coutume remonte, en effet, aux temps les plus anciens : d'après le livre d'Hénoch, ce serait l'ange Azariel qui, bien longtemps avant le déluge, aurait enseigné aux femmes l'art de se farder.

Chez les Hébreux l'antimoine était d'un emploi fréquent ; les femmes s'en servaient pour peindre leurs sourcils et donner au regard une expression langoureuse. On tirait au coin des paupières extérieures une ligne noire qui agrandissait les yeux dans le sens de la longeur, sans qu'on ait besoin de les tenir tout grands ouverts. Job avait nommé une de ses filles *Vase d'antimoine*.

Chez les Grecs, les femmes employaient un fard assez grossier rouge et blanc, fait avec de la terre de Chio et de Samos délayée dans du vinaigre. Dans la Rome des Césars, l'usage des cosmétiques, importé d'Orient, était devenu tout à la fois un art et une science.

Je ne crois pas, cependant, que Rabelais, dans le passage que j'ai cité, ait voulu parler de cette coutume.

L'opération qu'il décrit paraît d'une tout
autre nature. Il s'agirait d'une transformation
totale du corps, comparable à celle que subit
le fer dans le creuset. A plusieurs reprises,
Rabelais se sert du mot refondre. Les jeunes
filles que l'on présente à Pantagruel, gracieuses
et blondelettes, sont des vieilles femmes refondues.

Il existe aux États-Unis une école célèbre
d'orthopédistes qui, par des massages savants,
parviennent à refaire les traits du visage à
la volonté du client, le nez, la bouche, les joues.
Tout ce qu'une coquette prend plaisir à montrer,
le cou, la gorge, les épaules, les bras, les mains
sont refaits et refondus, suivant l'expression de
Rabelais, par une opération qui tient de la science
plus que de la magie. Les alchimistes auraient-ils
déjà connu ce procédé ? Peut-être. En tout cas,
ils avaient d'autres moyens et plus mystérieux,
pour rajeunir leurs clientes (1).

(1) Pour ce qui me concerne, j'ai personnellement connu
un alchimiste, doublé d'un astrologue, parfait honnête homme,
érudit et en possession de connaissances multiples, relativement étendues, très convaincu et sincère. Il me disait
qu'avec beaucoup de travail et de l'argent il était parvenu
à obtenir l'élixir de longue vie, mais en si petite quantité
qu'il ne lui serait pas venu à l'idée d'expérimenter sur un
être humain. Voulant en avoir le cœur net, il avait fait

D'après *le Trésor de l'Univers*, attribué à Raymond Lulle, l'or potable avait le pouvoir de guérir une foule de maladies, et rendait les hommes jeunes et alertes.

Quant à Cornélius Agrippa, il dit avoir connu des médecins qui faisaient les vieux jeunes devenir, au moyen de certains électuaires composés d'ellébore et de graisse de serpents, de vipères de préférence. Est-il permis de croire que les vieilles femmes dont parle Rabelais, qui tout à coup étaient devenues jeunes, tendrettes et de bonne volonté, avaient été traitées par un procédé analogue ? Un peu plus loin, le même Agrippa insinue que des animaux, c'est-à-dire en général les êtres qui ont vie, doués d'une vitalité exceptionnelle, peuvent communiquer cette vitalité à d'autres individus de même espèce par contact, ou même à des êtres d'une autre espèce, mais alors par absorption de leur substance.

« Tous les animaux qui ont le don de longé-

---

prendre sa liqueur magique à une poule, vieille et presque entièrement déplumée. Or, la poule était aussitôt redevenue jeune : en très peu de temps il lui avait poussé des plumes nouvelles, *neuves*, et elle avait pondu.

Je n'avais à opposer à ce témoignage que mon incrédulité naturelle, sans preuves expérimentales, autant dire un dogme ; ce qui est une faiblesse. Quant à lui, il avait sur moi cette supériorité incontestable qu'il aurait fait l'expérience.

vité sont tous aptes à transmettre cette longévité
à d'autres. Tous ceux qui portent en eux vertu
rénovatrice peuvent renouveler notre corps et
lui rendre sa première jeunesse (1). »

C'est une opinion très répandue qu'une personne âgée, qui vit avec une *jeunesse* et a contact avec elle, attire à soi et absorbe à son profit la vie qui est en cette dernière. En certains
pays, on est convaincu que le meilleur remède
pour guérir l'*avarie*, c'est d'avoir commerce avec
une jeune fille vierge.

Quand le roi David fut devenu vieux, ses serviteurs lui amenèrent une jeune fille vierge
et la mirent dans son lit, afin qu'elle alimentât
et entretint la vie chez ce vieillard, aux dépens
de sa propre vie.

On connaît la légende du docteur Faust, et
comment son amour pour Marguerite fit du
vieillard blanchi par les ans un jeune et beau
cavalier. Je veux bien que le diable y fut pour
quelque chose, car où femme est le diable n'est
pas loin, mais le fait reste le même. La femme
est la vraie fontaine de Jouvence.

Jouvence, en latin *Juventa*, était une nymphe
que Jupiter métamorphosa en fontaine, aux eaux

____

(1) *Philosophie occulte*, liv. I, chap. xv.

de laquelle il communiqua la vertu de rajeunir
ceux qui viendraient s'y baigner. Rabelais s'empare de toutes ses données, et voici ce qu'il en
fait.

Pantagruel ayant demandé si par fonte pareillement les hommes ne pouvaient pas rajeunir, il
lui fut répondu que, pour eux, « la manière
d'ainsi rajeunir était par habitation avec femme
refondue. C'est la vraie fontaine de Jouvence.
Là soubdain qui vieux estait et décrépit devient
jeune, alaigre et dispos (1). »

Quand on lit les opuscules et mémoires qu'ont
écrits les alchimistes, on comprend que Rabelais,
le maître de l'ironie, n'ait pu résister à l'envie
d'en rire et de faire rire à leurs dépens. C'est
un fatras de formules magiques, recettes de sor-
cellerie, préparations pharmaceutiques invraisemblables, remèdes fous, manipulations grotesques, comme il n'en peut sortir que de cerveaux en délire. Et puis, au milieu de ce chaos,
çà et là, ignorées et perdues, des pensées qui
étonnent par leur profondeur, aperçus hardis,
justes souvent, sur les choses de la philosophie
et qui dépassent les connaissances de l'époque,
quelques-uns en avance de plusieurs siècles

(1) Liv. V, chap. XXI.

sur l'opinion du jour, un savoir auquel, pour être une science véritable, il n'a manqué qu'un peu de méthode, des observations sincères et des expériences conduites à l'abri de tout préjugé.

Ce qui frappe tout d'abord chez les ouvriers du Grand Œuvre, c'est l'ignorance presque complète où ils sont des idées générales. Le particulier paraît leur suffire ; ils s'encombrent de faits, les notent curieusement, mais sans méthode, n'ayant pas l'air de se douter que tous ces documents demandent à être classés et sériés. On dirait, en certains cas, que la notion de causalité leur est étrangère : ce sont des rapprochements forfuits, des associations d'idées où le hasard a la plus grande part, conjectures imaginaires, hypothèses gratuites vers un but presque toujours intéressé, plus souvent encore irréalisable, des pressentiments vagues, des intuitions hésitantes et confuses. Et c'est sur de telles bases, fantaisistes et instables que les alchimistes ont prétendu fonder la science. Leur tort principal fut peutêtre d'avoir confondu la physique, qui est la science des corps dans ce qu'ils ont d'essentiel et de permanent. avec la chimie, qui s'occupe des formes transitoires, des accidents de la matière.

Je ne voudrais pourtant pas être injuste,
encore moins ingrat envers des chercheurs in-
fatigables. auxquels nous devons plus que l'on
ne veut souvent en convenir, et leur demander
ce que raisonnablement ils ne pouvaient donner.
Pour être autre chose que des philosophes, ils
leur eût fallu l'échelle magique du patriarche,
que nous appelons, nous autres, la critique et l'observation scientifique, sans laquelle on chercherait vainement à remonter de cause en cause
jusqu'à cette cause générale, qui fait tout comprendre sans que l'on ait besoin de l'expliquer
elle-même.

S'ils n'ont pas eu sur le monde, sur les phénomènes si complexes de la vie la connaissance
que nous en avons nous autres aujourd'hui, ils
l'ont du moins soupçonnée et préparée. On
trouve, en effet, dans leurs écrits des intuitions
géniales, au travers desquelles ils entrevoyaient
une partie de la vérité. Plusieurs d'entre eux
ont eu le sentiment vague que la matière, qu'ils
appellent la première matière, est éternelle, sans
pouvoir encore affirmer si « elle est entre l'être
et le néant. ou bien entre quelque chose et
rien ».

Cette matière est une, vivante, inséparable de
l'esprit du monde.

Le monde est vif et plein de vie. — Tout ce qui a essence et vie est fait par l'esprit du monde, de la première matière. — De la conversion de cet esprit en terre, et comment en cette terre sa vertu demeure entière.

Tels sont quelques-uns des titres des matières traitées dans l'*Harmonie et Constitution générale du vray sel, recueilly par le sieur Nuisement*, ouvrage paru à la Haye en 1639.

C'est d'hier seulement que l'on a appris, à la suite d'expériences laborieuses, que la matière inorganique vit et qu'elle est douée elle-même de sensibilité.

Eh bien, il semblerait que les alchimistes aient pressenti cette découverte. Dans le *Discours d'un auteur incertain sur la pierre philosophale*, la naissance de la pierre est comparée à l'enfantement de la vierge Marie.

« Dieu, dit l'auteur de *l'Interruption du sommeil cabalistique*, a mis un ordre dans la nature avant toutes choses, afin que les individus de chaque espèce fussent conservés et perpétués : c'est pour cela qu'il a donné le sperme aux animaux, la semence aux plantes, *le germe aux substances métalliques et minérales.* »

Les alchimistes sérieux ont cru à l'unité de la matière. Distincts les uns des autres quant à l'apparence et aux propriétés du moment, les êtres peuvent se transformer les uns dans les autres, *transmuer*, mais à la condition de rentrer dans l'esprit du monde ; c'est le Grand Tout, d'où ils ressortent meilleurs et en progrès sur leur premier état.

« Chaque règne, dit Valois, existe séparément, multipliant en eux par leur propre vertu, *sans rétrogradation d'iceulx*, sur la réduction de la première matière universelle qui est *le lymbe et le chaos de la nature.* »

En somme, rien ne se crée, rien n'est anéanti ; naissance et mort sont des modes inséparables de l'être, des moments dans la vie, sans que leur opposition apparente puisse en troubler l'immuable sérénité. Tout se transforme, et c'est en ce renouvellement sans fin que consiste l'universelle vie.

Les alchimistes ont certainement pratiqué le magnétisme, peut-être comme M. Jourdain faisait de la prose, sans le savoir.

« Pour arriver à l'Œuvre, disent Grosparny et Valois, il faut que les personnes soient douces, patientes et ne contrariant nullement l'une l'autre. »

Enfin, *le Testament pacifique et le Codicile* de Raymond Lulle donne un tableau curieux,

qui pourrait servir de graphique à la doctrine
toute moderne, suivant laquelle l'éther qui enveloppe l'univers cosmique serait la source des
forces physiques, chimiques, plastiques et biolo-
giques, qui ne sont, en réalité, que de l'énergie
modifiée.

Raymond Lulle imagine des cercles concentriques, ou plutôt des zones s'emboîtant les unes
dans les autres, avec, au centre, la terre, puis,
autour et par ordre, l'eau, l'air, le feu ; enfin,
enfermant le tout, comme l'éther enveloppe le
cosmos, la quintessence d'où procède la vie.

Mais en voilà assez pour montrer — vérité banale qu'il est bon de se redire de temps en temps
— qu'il n'y a rien de nouveau sous le soleil.
Les choses changent, matière et esprit, les idées
et la science, mais la vie demeure et la pensée
en un perfectionnement continu.

Quoi qu'on en ait dit, les alchimistes ont été
des précurseurs admirables. Ils ont eu des har-
diesses qui nous étonnent et de merveilleuses
prétentions, dont le seul défaut fut de dépasser
leurs moyens d'action. Ces prétentions elles-
mêmes ne sont, à tout prendre, que des timidités
si nous les jugeons au point de vue de la science
moderne. Pour nous, impuissants à contenir
notre admiration devant les découvertes de ces

cinquante dernières années qui éclairent d'une merveilleuse lueur le problème de la vie, nous restons muets et comme en extase et saisis d'épouvante, pour avoir seulement soulevé un des coins du voile qui nous dérobe l'avenir.

ÉPILOGUE

Quelqu'un ayant, un jour, sollicité pour un de ses amis l'honneur d'être admis à la table du cardinal du Bellay, « cet homme, demanda le cardinal, a-t-il lu le Livre ? » Il entendait par là le *Gargantua* et le *Pantagruel*. La réponse ayant été négative, « qu'on le fasse donc dîner avec mes gens » reprit du Bellay, ne pouvant admettre que l'on pût prétendre au titre de savant, quand on n'avait pas lu Rabelais (1).

Le Livre ! C'est ainsi que l'on appelait la chronique gargantuine, le livre unique, le livre par excellence, « dont il avait été vendu en deux mois plus que de Bibles en neuf ans (2) ».

Ce n'est pas que du temps de Rabelais, déjà,

(1) Parallèle entre Homère et Rabelais. *Mercure galant*, année 1711, du Fresny.
(2) Prologue du livre II.

ses écrits n'aient rencontré des détracteurs,
critiques malveillants et passionnés. On l'accu-
sait d'hérésie, le crime du jour, le plus grand
qu'un homme pût commettre après l'offense au
roi. A plusieurs reprises il se plaint de la mauvaise foi systématique de ses adversaires. C'est
ainsi qu'on lui faisait un grief d'un N substitué
à un M. dans le passage où Panurge envoie
l'âne (pour l'âme) de Raminagrobis à trente
millions de charretées de diables. Cette plaisanterie, d'un goût douteux, était considérée comme
une injure à la religion.

Dans une lettre à Mgr Odet, cardinal de
Châtillon, Rabelais se défend de toute pensée
irrévérencieuse et d'intention mauvaise à l'égard
de la religion et du roi, et dans un mouvement
de colère bien naturel, il traite ses calomnia-
teurs d'avaleurs de serpents, cannibales, misan-
thropes et agélastes.

Ce mot d'agélastes est à noter. Mis ici à la
fin de la phrase, comme pour résumer tout le
mépris de Rabelais, il signifie gens moroses et
qui ne rient jamais, comme si ne pas savoir
rire était à ses yeux le plus grave des défauts,
un signe de méchanceté et de fourberie.

Malgré ses protestations et en dépit du privilège du roi qui aurait dû le couvrir, le Parle-

ment, deux ans avant la mort de Rabelais,
condamna ses livres, avec défense de vendre et
exposer les dits livres « dedans quinze jours ».
Voici les considérants de l'arrêt, extrait des
*Registres du Parlement, du mardi premier
mars* 1551 :

« Sur la Remontrance et Requeste faite ce
jourd'hui à la Cour par le Procureur du Roi, à
ce que pour le bien de la Foi et de la Religion,
et attendu la censure faite par la Faculté de
Théologie, contre certains Livres mauvais,
exposés en vente soubs le titre de *Quatrième
Livre de Pantagruel...* »

Cet arrêt eut pour conséquence immédiate de
faire disparaître de la circulation un livre, qui
la veille était dans toutes les mains. Le malheur est que, sous la menace permanente de
l'index, l'opinion ne tarda pas à se faire com-
plice de l'Église, et, docile, organisa le silence
autour de l'œuvre de Rabelais ; si bien que
le Livre, dont il y a quatre siècles les dames et
damoiselles de la cour, voire les princesses faisaient leur lecture favorite et coutumière, est
presque complètement ignoré de nos jours.

J'ai sous les yeux une lettre d'un docteur Reneaume, qui témoigne de la crainte que certains avaient qu'on les trouvât en possession du

Livre. Ce docteur Reneaume exerçait la médecine à Blois vers la fin du seizième et le commencement du dix-septième siècle. Grand admirateur de Rabelais, il avait dans sa propre famille des personnes qui tenaient pour l'opinion
contraire, vraisemblablement dominées par des
sentiments religieux. Il se plaint à un ami
qu'on lui ait égaré ou soustrait son Rabelais ;
il ne le trouve plus dans sa bibliothèque, et
soupçonne son propre fils, *imbu des fantaisies
j...* (sans doute des doctrines jansénistes) de
l'avoir brûlé ou fait brûler, ou jeté quelque
part », et il ajoute : « je m'en fâcherais ».

Il ne faut pas s'étonner que les moines et religieux de tous ordres fussent parmi les calom-
niateurs de Rabelais. Quant à lui, il les traite
de diables d'enfer, diables noirs, diables blancs,
diables privés, diables domestiques, diables
enjipponnés. Il les accuse notamment de défi-
gurer et salir ses livres dans le but de détourner les gens de les lire, alors qu'eux-mêmes
vont jusqu'à les « conserver religieusement entre
leurs besognes de nuit et en usent comme de
bréviaire à usage quotidien ».

Ce qui étonne davantage, c'est le rôle que joue
Calvin dans ce concert d'injures. Le réformateur le prend de haut avec un homme qui pou-

vait lui rendre des services incalculables, rien qu'en ameutant les rieurs contre la cour de Rome. Quand il eût été habile de le ménager, Calvin parle de Rabelais, comme s'il avait reçu mission de l'accuser devant le tribunal de Dieu.

« D'autres comme Rabelais, Bonaventure des Perriers et André de Govia, après avoir goûté de l'Évangile, ont été frappés de la même cécité. Pourquoi cela, si ce n'est qu'ils avaient auparavant profané ce sacré gage de la vie éternelle, par la sacrilège audace avec laquelle ils en ont fait leur jouet et leurs risées (1). »

Calvin n'avait pas vu sans ennui des hommes tels qu'Érasme, Lefèvre d'Étaples et autres, la reine Marguerite, sœur de François Iᵉʳ, sur lesquels il avait tout d'abord fondé les plus brillantes espérances, s'arrêter à mi-chemin par peur de son dogmatisme. Et qui sait, s'il ne s'était pas flatté un moment, d'entraîner dans son parti Rabelais, moins imbu de philosophie que ses amis les hellénistes ? Quoi qu'il en soit, il lui garda rancune et ne lui pardonna pas l'attitude qu'il avait prise, indépendante et fière, entre la Réforme et l'Église.

Il ne faudrait pourtant pas croire que tous les

(1) Calvin, in *Opuscule de scandalis*.

théologiens protestants partageassent sur ce
point les sentiments de leur chef. Théodore de
Bèze, pour ne citer que celui-là, se sépare ouvertement en cette occasion de son coreligionnaire
et ami. Voici comment il parle de Rabelais en
un diptyque écrit en latin :

« Celui qui tout en badinant fait mieux que
tel qui traite de choses sérieuses, le jour où lui
aussi voudra s'occuper de choses sérieuses que
ne fera-t-il pas, je vous en prie (1) ? »

Il faut bien se dire qu'il y avait alors soit en
France, soit en Allemagne, un certain nombre
d'esprits sages autant qu'indépendants, formés
à l'école de la Renaissance, auxquels il répugnait
d'admettre que la vérité fût affaire de parti, humains avant tout, et bien résolus à regarder non
pas, de loin mais de haut, la lutte engagée entre
la religion nouvelle et l'Église de Rome. C'est
principalement chez ces hommes d'étude que Rabelais avait des amis, dont Guillaume Budé fut
un des plus dévoués, sinon un des plus tendres.

Dans une épître à Pierre Amy, après avoir
longuement parlé de la grande érudition de
Rabelais, Guillaume Budé ajoute :

1 THÉODORE de BÈZE, *De Francisco Rabelæso* : « Qui sic nu-
gatur, tractantem in seria vincat, seria cum faciet, dic rogo,
quantus erit. »

« Adieu et salue *quatre fois* de ma part Rabelais, cet *habile et beau génie*, de bouche s'il est présent, sinon par lettres. »

En une autre circonstance il l'appelle χρηστή κεφαλή, comme qui dirait tête infiniment précieuse, et qui réunit toutes les qualités du cœur et de l'esprit; car, il y a tout cela dans les deux mots grecs employés par Budé.

On éprouve quelque surprise à voir qu'un homme comme de Thou — je parle de l'historien, dont Henri IV était l'ami — ait eu pour Rabelais des paroles presque dures, à tout le moins discourtoises, tout en rendant hommage, je le reconnais, au grand talent et à la science de l'auteur du *Gargantua*. Ce qui l'a frappé surtout chez Rabelais, c'est cette puissance incomparable du rire, cette égalité d'humeur, cette gaîté dans tous ses dits et gestes qu'aucun écrivain n'a possédées au même degré : signes incontestables d'un esprit bien équilibré et droit, — j'entends simple et juste.

C'est à ce titre que je reproduis ici une curieuse relation d'un séjour que fit de Thou à Chinon :

« A Chinon il (de Thou) habitait la plus grande maison de la Ville, qui avait appartenu à François Rabelais. Celui-ci, très instruit (*instructissimus*) dans les lettres grecques et latines, et très habile

en l'art de la médecine, qu'il pratiquait, finit par
renoncer à toute occupation sérieuse et se livra
entièrement à la débauche et à la gourmandise
(*se totus vitæ solutæ ac gulæ mancipiavit*). Il
s'adonna à l'art de la raillerie qui, à ce qu'il
disait lui-même, est propre à l'homme, et, avec
la franchise de Démocrite et un esprit de plaisanterie parfois bouffon, il composa un ouvrage
plein de talent dans lequel il mit en scène sous
des noms imaginaires (*sub fictis nominibus*) toutes
les classes de citoyens du royaume et les livra
à la risée du peuple (1). »

De Thou raconte ensuite, et avec une foule de
détails pitoresques et intéressants, que la maison habitée autrefois par Rabelais était devenue
une auberge très fréquentée. On y voyait de
vastes jardins avec toutes sortes de jeux; les jours
de fête, les habitants de la ville venaient s'y
divertir. On dirait presque une façon de jardin
public, avec ce que nous appelons aujourd'hui
une maison du peuple.

On a plus d'une fois fait la remarque que les
auteurs comiques, plaisants et burlesques à la
scène et dans leurs écrits, sont souvent en leur
particulier graves, chagrins et moroses, comme si

---

(1) Jacq.-Aug. de Thou, lib. VI. *Commentarium de vitâ suâ*.

de la comédie humaine ils n'avaient retenu pour
eux que le côté lugubre. C'est le contraire chez
Rabelais : gai par nature, d'humeur facile, il
prend toutes choses en bonne part, interprète
tout à bien, à l'instar de son héros favori, le
géant Pantagruel ; optimiste par tempérament,
dirions-nous aujourd'hui.

Ses contemporains sont unanimes à le représenter sous cet aspect, ami du rire, à la repartie
prompte et joviale, fin observateur et spirituel,
prompt à saisir le ridicule chez les hommes
comme aussi dans les choses, non point, on
pourrait le croire, pour en tirer motif à mépris
ou à critiques amères, mais bien plutôt pour en
rire ; car nos vices et défauts sont le plus souvent faiblesses humaines ou infirmités de nature,
dont il convient avoir pitié et compassion.

Joachim du Bellay, qui n'avait peut-être pas
pour l'auteur de la chronique gargantuine la
même admiration et amitié que les autres membres de sa famille, le cardinal Jean du Bellay
notamment, et que l'on a quelquefois considéré
comme un ennemi de Rabelais, au même titre
que Ronsard, Puits-Herbault et aultres, Joachim
du Bellay dans un épitaphe en vers latins, où
il se moque de Rabelais en un langage quelque
peu trivial, sinon méchant, lui fait dire : « Je

suis très habile dans l'art de guérir, mais le rire fut ma grande occupation. Passant, ne pleure donc pas. mais ris à gorge déployée, si tu veux être agréable à mes mânes. »

Un témoignage plus impartial et caractéristique nous est fourni par les frères Scevole de Sainte-Marthe. Ces Scevole de Sainte-Marthe étaient les petits-fils d'un certain Gaucher de Sainte-Marthe, médecin à Fontevrault, lequel aurait, parait-il, fourni à Rabelais son type de Picrochole.

Voici ce qu'écrit Scevole de Sainte-Marthe de Rabelais, de son caractère et de ses écrits :

« Depuis le jour qu'il abandonna le monastère et l'habit monastique, Rabelais employa tout le temps de sa vie à se rire des actions des hommes. Et si les écrits de cet homme facétieux sont remplis de traits agréables et de piquantes railleries. son entretien ordinaire n'en avait pas moins. En quelque lieu qu'il fût, il conservait toujours cette humeur gaie et libre qui le portait à se gausser du monde (1). »

Le rire était chez Rabelais, naturel, spontané, sincère, sans effort, sans recherche aucune ni prétention au bel esprit ; contagieux, il était irré-

___

1. SCEVOLE DE SAINTE-MARTHE. premier livre des *Éloges des hommes illustres*.

sistible, s'emparait en maître des esprits et les mettait aussitôt en gaîté.

Un écrivain du dix-septième siècle, qui était aussi médecin, et qui avait exercé la médecine en Hollande, où il s'était réfugié pour fuir la persécution religieuse, Samuel Sorbière, originaire de Saint-Ambroix près d'Alais, a donné une appréciation intéressante de Rabelais, dans des fragments intitulés *Sorberiana*.

« Ce livre, tout badin qu'il est, tourne tellement l'esprit à la joie que presque tous ceux que j'ai connus qui étaient rompus dans sa lecture en avaient contracté une manière de penser agréablement sur les matières les plus profondes ou les plus mélancoliques (1). »

Cette qualité n'est pas la seule que lui reconnaissent ses contemporains. On loue encore chez lui l'érudit appliqué à son étude, le savant, l'écrivain délicat et charmant.

Des auteurs plus modernes partagent cette opinion. La Bruyère, froid, peu enthousiaste, dont l'esprit devait avoir quelque peine à se hausser au diapason de Rabelais, dit de lui : « Où il est bon, il va jusqu'à l'exquis et l'excellent : il peut être le mets le plus délicat. »

_____

(1) SORBIÈRE, remarques intitulées *Sorberiana*.

Ce n'est pas seulement en France que Rabelais avait trouvé des admirateurs, mais encore à l'étranger, où l'on faisait le plus grand cas de ses écrits.

Dans son *Histoire des oracles* Fontenelle parle d'un médecin hollandais, Van Dale, critique renommé, qui aurait professé une très haute admiration pour Rabelais. Ce Van Dale vivait à Harlem, dans la seconde moitié du dix-septième siècle. On a de lui un ouvrage important *De Oraculis veterum ethnicorum*, où il s'efforce de montrer que les oracles sont le fruit de l'imposture et de la fourberie. Parlant du chapitre où Panurge consulte les sorts virgilianes, voici comment il s'exprime :

« Cet endroit du Livre est aussi savant qu'il est agréable et badin. Les bagatelles et sottises de Rabelais valent souvent mieux que les discours les plus sérieux des autres. »

Et Fontenelle ajoute pour son propre compte :

« Je n'ai point voulu oublier cet éloge parce que c'est une chose singulière de le rencontrer au milieu d'un *Traité des oracles* plein de science et d'érudition. Il est certain que Rabelais avait beaucoup d'esprit et de lecture et un art particulier de débiter des choses savantes comme de pures fantaisies et de dire

de pures fantaisies le plus souvent sans en-
nuyer (1). »

Si, maintenant, de Fontenelle nous passons à
Voltaire, c'est un tout autre son de cloche.

Le solitaire de Ferney prend avec Rabelais
des airs de grand seigneur et le traite avec un
superbe dédain. Mais laissons-le parler :

« Rabelais, dans son extravagant et inintelligible livre, a répandu une extrême gaîté et
une plus grande impertinence. Il a prodigué
l'érudition, les ordures et l'ennui. Un bon conte
de deux pages est acheté par des volumes de
sottises. Il n'y a que quelques personnes d'un
goût bizarre qui se piquent d'entendre et d'es-
timer tout cet ouvrage ; le reste de la nation rit
des plaisanteries de Rabelais, et méprise le livre.
On le regarde comme le premier des bouffons.
On est fâché qu'un homme, qui avait tant d'esprit, en ait fait un si misérable usage. C'est un
philosophe ivre, qui n'a écrit que dans le temps
de son ivresse (2). »

Que Voltaire n'ait rien compris au *Gargantua*
et au *Pantagruel*, cela, je l'avoue, ne me surprend
pas (3).

(1) FONTENELLE. *Histoire des oracles*, chap. XVIII.
(2) VOLTAIRE. *Mélanges de littérature et de philosophie.*
(3) Dans une revue savante de critique littéraire. écrite

Voltaire et Rabelais sont tempéraments et caractères faits pour ne pas s'entendre, sur quelque sujet que ce soit, de politique, de religion ou de philosophie.

d'ailleurs avec talent, la *Revue d'histoire littéraire de France*, on traite Rabelais d'esprit vide et creux, dont les sonorités font croire à des idées. Dans cette même revue, l'on ne parle pas autrement de Victor Hugo, « excellent élève de rhétorique qui tire merveilleusement parti des matières qui lui tombent sous la main » : ce qui est bien fait pour rassurer l'âme de Rabelais, s'il avait le moindre souci de ces critiques.

Pour ce qui est de Rabelais, voici comment s'exprime M. Louis Delaruelle, dans le numéro de la revue d'avril-juin 1904 :

« Qu'il s'agisse des détails mêmes du récit, qu'il s'agisse des idées générales qui semblent composer sa philosophie, comme nous disons aujourd'hui, Rabelais *n'est pas original et n'a pas souci de l'être*... Les idées de son livre, qui semblaient les plus nouvelles et les plus hardies, ne sont pas chez lui le fruit de la réflexion personnelle ; elles lui viennent, pour la plupart, des humanistes qui avaient écrit avant lui. Son œuvre est un *assemblage inouï de matériaux disparates*... La verve qui y éclate ne doit point nous fermer les yeux sur le caractère propre de son génie : il est avant tout un splendide *metteur en œuvre de lieux communs.* »

Es-tu content, Voltaire ?

Tout cela, parce que Rabelais aurait reproduit un certain nombre d'aphorismes et proverbes d'après Érasme et Budé, au lieu de les citer d'après les auteurs grecs et latins, auxquels Érasme et Budé les avaient empruntés. Faut-il penser que les contemporains de Rabelais, à ne citer que Budé lui-même, sans parler de Théodore de Bèze et tant d'autres auraient parlé de lui dans les termes élogieux que l'on sait, s'ils n'avaient vu chez l'auteur du *Gargantua* qu'un plagiaire sans aucune originalité.

Rabelais, savant aimable mais scrupuleux et sévère à l'endroit des titres que toute connaissance est tenue de produire pour être admise à la libre pratique ; qui observe, classe, puis des faits ainsi recueillis et sériés s'élève aux idées générales, au milieu desquelles il vit, et d'où il ne redescend que les mains pleines de bienveillance et de justice ; esprit religieux, parce qu'il est universel et entrevoit dans le Grand Tout ce lien vivant des êtres qui, dans la vie journalière et ses contingences s'appelle sympathie, en attendant qu'on en fasse la solidarité. Grande âme qui est comme la formule vivante de ce peuple de France, dont le meilleur vient encore de l'ancienne Gaule et de ses ancêtres gaulois.

Voltaire, grand seigneur et bel esprit, qui a plus de savoir que de science et plus de lectures que de savoir ; penseur précieux et superficiel, pour lequel la philosophie n'est qu'un art d'agrément et un jeu de société ; négateur banal et fanfaron, qui, avant de partir en guerre contre

La *Revue d'histoire littéraire de France* aurait bien fait, avant de parler, de se souvenir de ces simples vers d'Alfred de Musset :

Rien n'appartient à rien, tout appartient à tous.
Il faut être ignorant comme un maître d'école
Pour se flatter de dire une seule parole
Que personne ici bas n'ait pû dire avant vous.
C'est imiter quelqu'un que de planter des choux.

Dieu, a pris bien soin d'assurer ses positions dans un déisme enfantin et creux : un fétiche à la place d'une idole ; écrivain merveilleux, d'une clarté de source, mais sans profondeur et sans émotion, où l'on cueille avec la main des idées faciles, agréables, jolies, comme on ramasserait dans un filet d'eau claire l'image amoindrie des étoiles.

Voltaire est l'homme de la liberté ; Rabelais l'homme de la justice, qui est la figure de la liberté sociale.

Rabelais, enfin. est l'homme de la nature, à laquelle il nous ramène sans cesse comme à la source de toute vie, de toute pensée, de toute vertu, *Alma Mater !*

Voltaire ne comprend rien à la nature, qui n'est pour lui qu'un décor de théâtre plus ou moins bien peint.

A Rousseau qui lui écrit, la voix pleine de chansons. de joie et d'extase à la vue des champs, des arbres, des oiseaux dans les branches, des insectes sous l'herbe. des nids dans les bois avec. pour dôme auguste et fraternel, le grand ciel bleu, Voltaire, ennuyé, ne sachant que dire, répond par une impertinence et traite son correspondant de simple mangeur de foin. « En vous lisant, on a envie de brouter. »

Si l'on avait le temps d'interroger les critiques modernes, comme je l'ai fait pour quelques-uns de ses contemporains, on s'apercevrait bien vite que la dominante de cet esprit géant, c'est cette incommensurable ironie et intarissable qui a permis de faire de Rabelais le maître universel du rire.

Victor Hugo, avec cette puissance de pénétration qui lui permit tant de fois, et sans beaucoup d'effort, de retourner les caractères les plus impénétrables et d'en voir le fond, afin de pouvoir ensuite leur assigner à chacun sa place dans l'univers-intelligence, a fait de Rabelais un mage, le grand prêtre du rire.

> Il berce Adam pour qu'il s'endorme,
> Et son éclat de rire énorme
> Est un des gouffres de l'esprit (1).

Est-ce à dire, comme on a cherché quelquefois à se le persuader, que ce développement formidable du rire ait eu pour conséquence d'arrêter chez Rabelais l'expansion des facultés affectives ? Ai-je besoin de dire que ce reproche ne repose sur rien ?

Que Rabelais, discret comme sont les gens à caractère, réservé par sincérité morale, un peu

1 *Contemplations*, liv. VI. *Les mages.*

timide peut-être en tout ce qui lui était personnel, n'ait pas fait parade de sentiments où se
complaisent en une banalité désespérante tant
d'écrivains vulgaires, il ne faut point s'en étonner.

Je conviens que dans son roman pantagruéliste, dont plus de la moitié roule sur le propos de
mariage, il n'y a pas trace d'intrigue amoureuse,
à moins que l'on ne donne ce nom à une aventure étrangère au récit et qui tient en quelques
pages : « Comment Panurge fut amoureux d'une
haute dame de Paris. » Mais, là encore, je
ne vois rien qui ressemble à ce que les romanciers appellent de l'amour ; une simple polis-
sonnerie, si drôle et contée avec tant de verve
que, malgré soi, on se prend à rire aux dépens
d'une honnête femme, qui a su résister aux
entreprises compromettantes et aux propositions
déshonnêtes de Panurge, lequel se venge de
cette déconvenue, dont sa vanité seule avait souf-
fert, par des procédés aussi odieux que burlesques.

Mais de ce vide que laisse dans son roman
l'absence de propos d'amour, est-il permis de
conclure à Rabelais lui-même et de prétendre
que le cœur aussi était vide chez lui ?

Rabelais avait eu un fils, né à Lyon en 1533,

mort à Toulouse à l'âge de deux ans, le petit Théodule, l'enfant de l'amour, tête chère sur laquelle ce forçat des vœux monastiques avait fondé des espérances d'évasion posthume.

Le souvenir de cet enfant devait hanter l'esprit de Rabelais au milieu des bouffées du rire ; mais c'est le propre des âmes héroïques et qui sentent fortement, de refouler en elles-mêmes les regrets chers et les douleurs que l'on ne peut partager avec autrui.

Au cours des fréquents voyages qu'il fit en Italie, Rabelais aimait à s'arrêter à Chambéry. Il y retrouvait Boissonné que les persécutions de toutes sortes endurées à Toulouse avaient rejeté en Savoie. Les deux amis mettaient en commun leurs tristesses et se consolaient mutuellement. Boissonné, en son langage de poète, redisait à Rabelais les grâces naissantes du petit Théodule pour lequel il avait conçu une tendresse profonde et admirative (1).

1) Il existe, à la Bibliothèque publique de Toulouse, un manuscrit qui porte le n° 835 et qui contient les poésies de Jean Boissonné. Ces poésies sont divisées en cinq livres. Le premier, sous le titre d'*Hendécasyllabes* (vers de onze pieds) et le deuxième sous celui d'*Élégies* renferment plusieurs pièces de vers consacrés à Théodule Rabelais.

Voici ces vers, que je donne d'après le manuscrit de la Bibliothèque de Toulouse, sans en changer l'orthographe si ce n'est pour deux ou trois abréviations qu'il serait difficile

Et puis, dans le bruit et le tumulte du récit,
combien de mots émus, que le lecteur de pas-

de reproduire avec les caractères en usage aujourd'hui
dans l'imprimerie :

DE THEODULO RABELÆSO
PUERO BIMULO DEFUNCTO

Quaeris qui iaceat sub hoc sepulcro
Tam parvo ? Theodulus ipse parvus.
Parva aetate quidem. simulque forma,
Et parvis occulis. et ore parvo :
Toto denique corpore ipse parvus
Sed magnus patre docto, et erudito.
Instructo artibus omnibus, virum quas
Aequum est scire bonum, pium atque honestum.
Has omnes Theodulus iste parvus,
Vitam simodo fata non negassent.
Ereplurus erat patri, exque parvo
Magnus tandem aliquando erat futurus.

Ces vers sont tirés du livre des *Hendécasyllabes* et por
tent dans le manuscrit le n° XXX. f° 17, t°.

En voici la traduction donnée par M. François Mugnier
dans les *Mémoires de la Société savoisienne d'histoire et
d'archéologie*. t. XXXVI.

Tu demandes qui gît sous ce sépulcre
Si petit ? C'est le petit Théodule,
Petit d'âge et de corps ?
Aux petits yeux, à la petite bouche.
Petit dans tout son corps,
Il est grand par son père savant,
Habile en tous arts,
Tenant la science pour bonne. pie et honnête.
Tout cela, le petit Théodule, si le destin l'eut voulu,
L'aurait pris a son père, et ce petit
Un jour serait devenu grand.

Ailleurs. dans le livre des *Élégies*. sous le n° XXIX, f° 44,
on trouve ces vers :

AD THEODULUM RABELAESUM
PUERUM BIMULUM MORIENTEM

Cur nos tam subito (rogo te) Rabelaese relinquas ?
Gaudia cur vitae negligere est animus ?

sage ne voit pas, où l'on devine tout ce que
cette âme bonne avait de tendresses exquises!

> Cur cadis ante diem tenera fraudate juventa?
>   Cur te immatura morte necare paras?
>
> Respondet.
>
> Non odio vitae vitam hanc, Boyssone, relinquo
>   Verum ni perpetuo non moriar, morior.
> Vivere cum Christo vitam, Boyssone putavi
>   Solam, quae in precio debeat esse bonis.

Fo 15, v° :

> Ad eumdem, Distichon
>
> Quod Theodule petis celum tam parvus an illud
>   Monstras, hos solos nempe placere Deo?
>
> Aliud.
>
> Nomine qui fueram dictus Theodulus ut vos
>   Mi similes sitis nomine, reque precor.
>
> Aliud :
>
> Quem cernis tumulo exiguo requiescere vivens
>   Romanos habuit Pontifices famulos.
>
> Aliud :
>
> Lugdunum patria: at pater est Rabelaesus; utrius que
>   Qui nescit maxima in orbe duo.

Voici maintenant la traduction que M. Mugnier donne de
ces vers dans l'ouvrage déjà cité :

> Pourquoi, petit Rabelais, nous quitter sitôt ?
> Ne veux-tu pas goûter les joies de la vie ?
> Pourquoi pars tu avant la tendre jeunesse
> Pourquoi vas-tu périr d'une mort prématurée ?

Je ne meurs pas en haine de la vie : mais pour ne pas mourir à
chaque instant. Je veux, Boissonné, vivre avec le Christ, c'est la
seule vie qui ait du prix.

Pourquoi, Théodule, veux-tu encore si petit gagner le ciel ? Est-ce
pour montrer que les seuls enfants plaisent à Dieu ?

Je suis celui qu'on appelle Théodule, soyez-moi semblables de
nom et de fait

Celui que tu vois reposer dans ce petit tombeau, pendant sa vie
eut des pontifes romains pour serviteurs.

Lyon fut sa patrie, Rabelais, son père. Celui qui les ignore l'un et
l'autre ignore deux grandes choses.

N'est-ce pas lui qui, sur le frontispice de son roman satirique, a gravé ces mots où il a mis toute son âme ?

> Mieulx est de ris, que de larmes escrire,
> Pour ce que rire est le propre de l'homme.

Sentez-vous tout ce qu'il y a d'infinie douceur dans ce court propos? Larmes et rire! Deux notes opposés qui cherchent à se résoudre l'une dans l'autre, comme en ces accords dissonnants auxquels les maîtres demandent leurs plus puissants effets. Et l'on songe à ce mot de Pascal : Joie, joie, et pleurs de joie. C'est la vie, toute la vie. Les larmes, pluie de l'arrière-saison, qui tombent sur l'âme et la rafraîchissent, desséchée par le vent de l'épreuve ; le rire! joie de vivre et santé morale.

Celui qui a tracé ces deux lignes n'avait pas, j'imagine, un cœur froid, indifférent et sec.

Nul plus que Rabelais n'eut autant d'amis, amis de cœur, sincères et durables.

Or, pour être ainsi aimé, sait-on bien tout ce qu'il faut donner aux autres de soi-même?

Un mot encore, et ce sera le dernier, car je rougis à m'attarder à cette démonstration.

Rien n'est plus aride, plus terne et plus maussade qu'une table des matières. Dans l'œuvre

de Rabelais c'est tout le contraire. Les titres
des chapitres sont rédigés avec un soin tout
particulier. Ce sont autant d'enseignes plaisantes ou graves, agrémentées d'enluminures
pittoresques, qui font la parade avec accom-
pagnement de fifres et de castagnettes.

Il est un de ces titres devant lequel je n'ai
jamais passé sans me sentir ému, d'une émotion
tendre et forte. Cependant, c'est bien le moins
apparent de tous, une brève inscription discrète,
presque timide, reléguée en un coin oublié, le
moins fréquenté de la grande foire rabelaisienne :
*Comment Pantagruel rencontra Panurge, lequel
il aima toute sa vie.* Rien de plus. Mais que
de choses dans ce mot : *lequel il aima toute
sa vie* ; amitié spontanée, fortuite, mais aussi
la plus durable et fervente qui soit. Il y a là
comme une ouverture sur la vie intime de l'auteur, joyeux compagnon et rieur et demi, au
demeurant le plus tendre et le plus aimant qui
fut oncques.

Quant à nous, lecteurs, n'est-ce pas que ce
mot fait du bien? Il réconforte et réconcilie :
c'est comme un bain d'âme, d'où l'on sort plus
propre au moral, plus fort et meilleur.

TABLE DES MATIÈRES

2502. — Tours, imprimerie E. Arrault et Cie.

www.ingramcontent.com/pod-product-compliance
Lightning Source LLC
LaVergne TN
LVHW021231170726
843501LV00003B/740